Les Monty Python présentent

LE GRAND LIVRE DES MONTY PYTHON

Les Monty Python présentent

LE GRAND LIVRE DES MONTY PYTHON

Traduit de l'anglais par Jérémie Gazeau

COLLECTION
« LE SENS DE L'HUMOUR »
dirigée par
Arnaud Hofmarcher

le cherche midi éditeur
23, rue du Cherche-Midi – 75006 Paris

MPB
Monty Python AirLines

Please do not remove from Bok

Safety instructions

Safety instructions (do *not* remove)

Instructions de sécurité (ne pas enlever)

Sicherheitsanweisungen (n i c h t zu entfernen)

1. Do *not* open the book.
2. Ensure that you are not holding the book in a naked flame or near a sulphuric acid-throwing machine.
3. Ensure that what you are holding *is* a book and not a deadly fish (piranha, hammer-head shark, African naughty minnow etc).
4. Before commencement of reading acquaint yourself fully with the location of the back cover (A) and the front cover (A), so that these can be closed quickly in time of emergency.
5. Always hold the book away from the face (A).
6. When reading loosen all articles of clothing.
7. Loosen the clothing even more.
8. Loosen bras and suspender belts especially.
9. Loosen my clothing.
10. Now hold my ——— and tickle ———

1. N'ouvrez pas le livre
2. Assurez-vous que vous ne tenez le livre ni dans une flamme nue ni près d'une machine à jeter le vitriol.
3. Assurez-vous que ce que vous tenez à la main est un livre et non pas un poisson mortel (piranha, marteau, vairon africain méchant et caetera).
4. Avant de commencer la lecture repérez le dos (A) ainsi que la face (A) de la couverture, afin de les pouvoir fermer rapidement en cas d'urgence.
5. Tenez le livre toujours à quelque distance du visage (A).
6. Pendant la lecture desserrez tous vos vêtements.
7. Desserrez vos vêtements encore plus.
8. Desserrez votre soutien-gorge et votre gaine de hanches en particulier.
9. Desserrez mes vêtements.
10. Maintenant tenez mon ——— et chatouillez ———

1. Das Buch nicht öffnen.
2. Vergewissen Sie sich das Sie das Buch nicht in eine nackte Flamme halten oder in der Nähe eines Schwefelsaurewerfers.
3. Vergewissen Sie sich dass das was Sie halten ein Buch ist und nicht ein tödlicher Fisch (eine Piranha, ein Hammerhai, oder eine freche afrikanische Elritze u.s.w.).
4. Bevor Sie zu lesen beginnen, machen Sie sich vollstens mit der Lage der Rückseite (A) und der Vorderseite (A) bekannt, so dass Sie diese im Notfall schnellstens schliessen können.
5. Halten Sie das Buch immer vom Gesicht entfernt (A).
6. Öffnen Sie alle Kleidungsstücke beim Lesen.
7. Alle Kleidungsstücke noch mehr öffnen.
8. Insbesondere Büstenhalter und Strumpfhaltergürtel.
9. Öffnen Sie meine Kleider.
10. Halten Sie mein ——— und kitzeln Sie ———

Reading positions

Positions de lecture

Lesehaltungen

1. The safety reading position (A).
2. Emergency reading position (A) with the knees drawn up into the stomach and the head buried between the thighs, holding the book between heel of left foot (A) and instep of right foot (A). Turn the pages with second and third toes of foot (A) and nose (A).

1. La position de lecture de sécurité (A).
2. Position de lecture d'urgence: les genoux contre le ventre, la tête entre les cuisses; tenez le livre entre le talon gauche (A) et le cou-de-pied droit (A). Feuilletez avec deuxième et troisième orteils du pied (A) et avec le nez (A).

1. Die Sicherheitslesehaltung (A).
2. Notlesehaltung (A) mit den Knien zum Bauch gezogen und den Kopf zwischen den Schenkeln; halten Sie das Buch zwischen der Ferse des linken Fusses (A) und dem Spann des rechten Fusses (A). Blättern Sie mit der zweiten und dritten Zehe des Fusses (A) und der Nase (A) um.

In the event of a reading emergency

En cas d'urgence pendant la lecture

Im Falle einer Lesenot

(e.g. fire, rape, Des O'Connor Show etc.)

1. Close the book firmly.
2. Scream.
3. Hit it/him/the show with the book.
4. Remove *all* dangerous articles—watches, jewellery, sharp money, heavy uncrossed cheques etc—and place them in the bag marked 'Air Methuen, 12 New Fetter Lane' which you will find under every page.
5. Should you land in the sea while reading this book, press page 42 which will expand into a fully inflatable life raft, with a three-week supply of curry.

(par ex. incendie, viol, Des O'Connor Show et caetera)

1. Fermez vite le livre.
2. Criez.
3. Frappez-la/le/le show avec le livre.
4. Enlevez tous objets dangereux—montres, bijouterie, argent pointu, chèques ouverts trop lourds, et caetera—et mettez les dans le sac marqué 'Air Methuen, 12 New Fetter Lane' que vous trouverez sous chaque page.
5. Dans le cas d'un amerrissage au cours de la lecture appuyez sur la page 42, qui se gonflera en un radeau de sauvetage avec une provision de cari suffisante pour trois semaines.

(z.B. Feuer, Vergewaltigung, Des O'Connor Show u.s.w.)

1. Schliessen Sie das Buch fest zu.
2. Schreien. Sie.
3. Schlagen Sie es/ihn/die Show mit dem Buch.
4. Entfernen Sie alle gefährlichen Gegenstände-Uhren, Schmuckstücke, scharfes Geld, schwere ungekreuzte Schecks u.s.w.—und stecken Sie sie in die Tüte mit der Aufschrift 'Air Methuen, 12 New Fetter Lane' die sich unter jeder Seite befindet.
5. Sollten Sie während Sie dieses Buch lesen in der See landen, drücken Sie Seite 42, welche sich in ein Rettungsboot mit dreiwöchigem Vorrat von Curry aufblasen wird.

a

b

It is advisable to send your valuables to Air Methuen anyway. More people are robbed while reading than you think. Stop laughing. It's true.

*This instruction has been deleted. It was a silly instruction—unworkable in practice and unethical in intent. We sincerely apologize for this instruction. The person responsible has since been disembowelled. Yours sincerely, Air Methuen.

We sincerely apologize for any embarrassment that may have been caused by instructions 6, 7, 8 and 9. We now realize that they were unnecessary and the product of a disordered mind. The man who wrote them has since been guillotined and his knees stapled together. Yours sincerely, Air Methuen.

En touts cas les editions Air Methuen conseillent à leurs lecteurs de leur envoyer tous objets de valeur. Plus de vols sont commis pendant la lecture des livres que vous ne pensez. Ne rigolez pas. C'est vrai.

*Cette instruction a été biffée. Ce fut une instruction stupide-impraticable et immorale dans l'intention. Nous nous excusons sincèrement à cause de cette instruction. La personne responsable a été eventrée. Votre tout dévoué, Air Methuen.

Nous nous excusons sincèrement de toute gêne qui aurait pû résulter des instructions 6, 7, 8 et 9. Nous nous rendons compte maintenant qu'elles n'étaient pas nécessaires et qu'elles sont le produit d'un esprit malade. Quant à l'homme qui les a écrites on l'a guillotiné d'abord et puis on lui a broché les genoux au fil de fer. Votre tout dévoué, Air Methuen.

Es ist trotzdem ratsam ihre Wertsachen zu Air Methuen zu senden. Mehr Leute als Sie denken werden beim Lesen beraubt. Lache Nicht. Es ist wahr.

*Diese Anweisung wurde gestrichen. Es war eine blöde Anweisung—unmöglich in der Praxis und im Grunde unmoralisch. Wir entschuldigen uns aufrichtig für diese Anweisung. Der verantwortlichen Person wurde seitdem der Bauch aufgeschlitzt.

Wir entschuldigen uns aufrichtig für jegliche Peinlichkeit die Sie durch Anweisungen 6, 7, 8 und 9 erlitten haben. Wir sind uns jetzt klar dass sie unnötig und das Werk eines Geisteskranken waren. Der Mann, der sie verfasst hat, ist seitdem unter das Fallbeil gekommen und seine Knie sind zusammengeheftet worden. Hochachtungsvoll Air Methuen.

Le Ministère des Marches Stupides

EN DIRECT SUR NOS ÉCRANS

Le Sens de la Contradiction

Le journaliste : Bonsoir. Ce soir, j'ai invité sur notre plateau M. Norman Saint-John Polevaulter qui, depuis quelques années, contredit les gens... M. Polevaulter, pourquoi contredisez-vous les gens ?

Polevaulter : Je ne contredis pas les gens.

Le journaliste : Vous m'aviez dit que vous le faisiez.

Polevaulter : Je n'ai jamais dit une chose pareille.

Le journaliste : Oh, je vois. Bon, je recommence.

Polevaulter : Non, vous ne recommencerez pas.

Le journaliste : Chut. M. Polevaulter, si je comprends bien, vous ne contredisez pas les gens.

Polevaulter : Si, c'est ce que je fais.

Le journaliste : Et quand n'avez-vous pas commencé à contredire les gens ?

Polevaulter : Eh bien, j'ai commencé en 1952.

Le journaliste : 1952 ?

Polevaulter : 1947.

Le journaliste : Il y a donc vingt-trois ans de cela.

Polevaulter : Non.

Et maintenant, pour la première fois sur le petit écran, un film tiré de deux best-sellers, ***Les Hauts de Hurlevent*** et ***Le Guide international du code du sémaphore***. Voici La version sémaphorique des ***Hauts de Hurlevent.***
À suivre : l'adaptation pour signaux de fumée de ***Les Hommes préfèrent les blondes***.

Sur BBC 2, ce soir, nous vous proposons un débat sur la censure auquel participeront Derek Hart, évêque de Woolwich, et un homme nu.

Bonsoir et bienvenue, chers téléspectateurs, dans cette émission consacrée aux imitations de personnages historiques. Ce soir, on démarre très fort avec le cardinal de Richelieu qui va nous imiter Pétula Clark.

EN DIRECT SUR NOS ÉCRANS

Questions pour un Marxiste

L'animateur : Mesdames et messieurs, bonsoir. Cette soirée est certainement à marquer d'une pierre blanche dans l'histoire de la télévision. Nous avons en effet le rare privilège, l'immense honneur de recevoir dans notre studio Karl Marx, fondateur du socialisme moderne et auteur du *Manifeste Communiste*. Première question, Karl Marx, je vous rappelle que vous pouvez gagner aujourd'hui un superbe salon meublé, première question donc, ne soyez pas nerveux, par quel autre développement est conditionné le développement du prolétariat industriel ?

Karl Marx : Par le développement de la bourgeoisie industrielle !

L'animateur : Bravo, bonne réponse, on applaudit Karl Marx, qui est en bonne voie pour gagner le salon entièrement meublé... Allez Karl, on se concentre, deuxième question maintenant : de quelle nature est la lutte des classes ?

Karl Marx : De nature politique.

L'animateur : Magnifique, merveilleux, plus qu'une question, Karl, et ce superbe salon meublé est à vous. Vous êtes prêt ? Qui a gagné la finale de la coupe d'Angleterre en 1949 ?

Karl Marx : Euh... Le contrôle des moyens de production par le prolétariat ? La disparition du prolétariat rural ?

L'animateur : Eh non, désolé Karl, c'était Manchester, qui a battu Arsenal par 2 à 1!

Excuses aux Hommes Politiques

La BBC souhaite présenter ses excuses pour la façon dont les hommes politiques ont été présentés au cours de ce programme. Il n'a jamais été dans notre intention d'insinuer que les politiciens sont des mous du genou, des opportunistes plus préoccupés par leurs vendettas personnelles et leurs luttes privées que par le service de l'État, il n'était pas non plus dans notre intention de laisser entendre qu'ils perdent toute crédibilité en empêchant tout débat sur la trompeuse impression que l'unité des partis passe avant le bien-être des gens qu'ils sont censés représenter, ni même de laisser croire à quelque moment que ce soit qu'ils ne sont que des petits lèche-bottes chamailleurs qui se fichent complètement des problèmes sociaux du pays, ni d'inciter les spectateurs à voir en eux des vermines égoïstes et variqueuses, avec du poil aux pattes, un penchant marqué pour l'alcool et des pratiques sexuelles d'une nature propre à choquer. Pardonnez-nous si, au final, c'est cette impression qui l'emporte.

MONTY PYTHON présente

Y-A-T-IL ?

*Bonsoir, ce soir, sur le plateau de « **Y a-t-il ?** », nous allons nous pencher sur la question « **Y a-t-il une vie après la mort ?** ». Pour nous aider à y voir plus clair, nous avons invité trois morts. Voici tout d'abord feu **sir Brian Hardacre**, précédent conservateur du musée de la Guerre, également parmi nous, feu le professeur **Thynne**, qui récemment encore, était universitaire, critique et animateur de radio, et, venu nous apporter le point de vue de l'Église d'Angleterre, feu le **révérend Ross**. Messieurs, y a-t-il une vie après la mort ? Sir Brian ?... Professeur ?... Mon révérend ?... Eh bien, je pense que nous pouvons conclure : trois réponses négatives.*

BOUZOU-BOUZOU

Mme Nigger-Baiter : Oh, qu'il est intelligent ce petit, c'est son père tout craché !
La mère : Vous trouvez Mme Nigger-Baiter ?
Mme Nigger-Baiter : Oh oui, le portrait craché de son père !
La mère : Oh oui, oui ... et il est tellement intelligent, hein mon petit... bouzou, bouzou...
Mme Nigger-Baiter : Oui, bouzou, bouzou mon petit... bouzou areuh... oh, il sourit ! Regardez-le ce petit bonhomme, comme il est coquin, comme il est coquin... bouzi bouzi... et il parle ? Est-ce qu'il parle ?
Le fils : Évidemment que je parle, je suis ministre délégué à l'outre-mer.
Mme Nigger-Baiter : Oh, qu'il est intelligent, qu'il est intelligent, il est brillant ! Tu aimes les hochets, hein, tu les aimes les hochets ? Regardez ses petits yeux qui suivent ma main, regardez ces petites billes briller, oh, bouzi bouzi... et le petit pot, il va sur le petit pot...
Le fils : Mère, puis-je avoir rapidement une coupe de thé, s'il vous plaît ? J'ai une réunion urgente au ministère, sur la nouvelle constitution des territoires d'outre-mer.

No3857 Novembre

juliette.

Ken Leminable & Rosemary

une véritable histoire d'amour moderne

Ken Leminable et Rosemary sont tombés éperdument amoureux l'un de l'autre.

Ken demande à Rosemary de l'épouser. Elle accepte avec joie.

Le père de Rosemary trouve Ken et Rosemary réunis dans sa ravissante maison.

Ken annonce qu'il souhaite épouser Rosemary parce que ça fait plusieurs semaines qu'il n'a pas tiré un coup.

Le père de Rosemary suggère que le mariage ait lieu à l'abbaye.

Le véritable amour est toujours vainqueur.

Le Courrier de Mme Palm

Chère Madame Palm,
Le directeur de la filiale de notre société de crédit immobilier dit que l'assurance que nous avons contractée est illégale. Est-ce que c'est vrai ?

Ron Higgins, Circencester.

Cher Ron, il est absolument inutile d'avoir honte de votre corps. La sexualité est une fonction parfaitement naturelle à laquelle tous les individus post-pubères s'adonnent. Bon sang, arriverons-nous un jour à en parler ouvertement ?

Chère Madame Palm,
Que dois-je faire au sujet de l'acné ? J'ai tout essayé, les crèmes, les gels, les injections, la pierre ponce, les régimes, les comprimés et les masques de beauté, mais quoi que je tente, ma peau reste douce et immaculée. Est-il possible d'acheter de l'acné ? J'espère beaucoup de votre réponse.

R. Bradshaw, Biggleswade.

Cher R. Bradshaw, je vous supplie de me croire lorsque j'affirme que la sexualité est une chose normale pour les gens de tous âges et lorsqu'elle est pratiquée par tout un chacun, à l'exception des pervers dégoûtants qui devraient être castrés et enfermés à perpétuité parce que franchement la pendaison est une peine trop douce pour cette engeance. L'amour et la compréhension mutuelle feront leur chemin et guériront tous les malheureux du monde, sauf les vilains dégoûtants pervers qui devraient être éliminés le plus tôt possible.

Chère Madame Palm,
Pouvez-vous régler un différend familial ?
Mes parents soutiennent que la télévision noir et blanc est en fait en couleurs, mais moi je maintiens que la télévision couleur est en fait en noir et blanc. Qui a raison ?

Jean Croipahunmot, Wakefield.

Cher Jean, le sexe est un des plus merveilleux dons de Dieu, avec la nudité, le golf et le catch. Essayez, s'il vous plaît, de comprendre que, si sales que puissent vous sembler être vos désirs, ils n'en sont pas moins parfaitement naturels.
P.S. Je vous envoie quelques prospectus. Pas mal, non ?

Chère Madame Palm,
J'ai un tout pitou problèminou. L'autre jour, alors que je trottinais dans la rue, j'ai vu une absolument divine veste en soi-soie — mais alors vraiment divine, ma chérie — et ohhh ! j'en suis tombée folle, mais à quelle occasion vais-je la porter ?

Révérend B.J. Mitchell, Chorale des garçons de Gloucester.

La pyromanie est un sentiment parfaitement naturel, Geoffrey. Quel est celui qui parmi nous n'a pas une fois ou l'autre dans sa vie ressenti le besoin de mettre le feu à un grand édifice public ou quelque chose dans le genre ? Moi, ça m'est arrivé.

Chère Madame Palm,
J'ai un problème. Voyez-vous, j'ai mauvaise haleine. En plus, je suis assez laide. Cela m'embarrasse tellement que je ne vois pas à qui d'autre que vous me confier. Je suis trop timide pour en parler à mon médecin de famille et je crois que j'en mourrais si jamais quelqu'un s'en rendait compte.
Faux nom et fausse adresse fournis.

(En fait, il s'agit de : Mlle Betty Rogers
32, The Cuttings, Bolton Tél : 0044 12495).

Chère Betty, combien de fois devrai-je vous répéter que le sexe est une chose agréable. J'aime ça. Vous aimez ça. Tout le monde aime ça. M. Robinson, qui tient le magasin de vins et spiritueux, aime ça, deux fois de suite.

Cher Monsieur ou chère Madame Palm,
J'ai, ou plutôt un ami à moi a, quoique je ferais mieux d'être honnête et d'avouer que c'est bien de moi qu'il s'agit, mais ça pourrait très bien ne pas être moi, je pourrais tout à fait avoir un ami connaissant le même problème, mais bon !
Honnêtement, c'est moi qui souffre d'indécision. Peut-être.
J'ai perdu deux ou trois ou peut-être quatre emplois hier ou les jours précédents. Je vous en prie, dites-moi ce que je dois faire. Non, non, ne dites rien.
Amicalement ou sincèrement vôtre,

Stephen ou Mavis Buchanan ou Jack Noonan.

Chers vous toutes, non, bien sûr que vous ne pouvez pas tomber enceintes de cette façon.

Chère Madame Palm,
Notre chien Nipper vient d'être élu au Sénat des États-Unis d'Amérique. Devons-nous le faire vacciner ?

Bien à vous, Wilcox, Preston.

Oui, Monsieur Wilcox, il est impératif de vacciner tous les sénateurs américains.

Perroquet Mort

Un client pousse la porte d'un magasin animalier. Il porte une cage au fond de laquelle est étendu un perroquet et se dirige droit vers le vendeur qui essaie vainement de se cacher derrière sa caisse enregistreuse.

Le client : ***Bonjour, je souhaiterais déposer une réclamation.*** (Pas de réaction) ***Ouhou, mademoiselle ?***

Le vendeur : ***Comment ça, mademoiselle ?***

Le client : ***Oh, pardonnez-moi, j'ai un rhume. Je suis venu pour me plaindre.***

Le vendeur : ***Désolé, nous fermons pour le déjeuner.***

Le client : ***Pas d'histoire, mon gars, je souhaite déposer une réclamation au sujet de ce perroquet dont j'ai fait l'acquisition il y a moins d'une demi-heure, dans cette boutique même.***

Le vendeur : ***Ah oui, le bleu de Norvège. Quelque chose ne va pas ?***

Le client : ***Je vais vous dire ce qui ne va pas : il est mort. C'est ça qui ne va pas.***

Le vendeur : ***Mais non, mais non. Il se repose, regardez.***

Le client : ***Écoutez, je suis capable de reconnaître un perroquet mort quand j'en vois un, et je suis en train d'en voir un en ce moment.***

Le vendeur : ***Non, monsieur, il n'est pas mort. Il se repose.***

Le client : ***Il se repose ?***

Le vendeur : ***Oui. Un oiseau remarquable, le bleu de Norvège, beau plumage, n'est-ce pas ?***

Le client : ***Ce n'est pas son plumage qui est en cause ici. Il est raide mort.***

Le vendeur : ***Mais non, mais non, il se repose.***

Le client : ***Soit, dans ce cas, puisqu'il se repose, je vais le réveiller.*** (Il soulève la cage jusqu'à son visage et hurle :) ***Bonjour Polly ! J'ai un bel os de seiche pour toi, si tu te réveilles ! Polly, gentil perroquet !***

Le vendeur, d'un geste vif mais pathétiquement peu discret, frappe la cage.

Le vendeur : ***Là ! Il a bougé !***

Le client : ***Pas du tout. C'est vous qui avez poussé la cage.***

Le vendeur : ***C'est faux.***

Le client : ***Si, c'est vrai.*** (Il sort le perroquet de la cage et reprend ses hurlements) ***Bonjour Polly ! Poooolly !*** (Il frappe le comptoir avec Polly) ***Polly ! Gentil perroquet ! Réveille-toi !*** (Il lance Polly en l'air. Polly retombe au sol.) ***Voilà ce que j'appelle un perroquet mort.***

Le vendeur : ***Mais non, mais non, il est juste assommé.***

Le client : ***Écoutez, mon brave, je commence à en avoir assez. Ce perroquet est définitivement décédé. J'ajoute qu'il y a moins d'une demi-heure de cela, lorsque je l'ai acheté, vous m'avez assuré que son inertie était due à une fatigue consécutive à une longue séance de braillement.***

Le vendeur : ***Il a probablement la nostalgie des fjords.***

Le client : ***La nostalgie des fjords ? Qu'est-ce que c'est que ces histoires ? À votre avis, pourquoi a-t-il basculé sur le dos quand je suis arrivé chez moi ?***

Le vendeur : ***Le bleu de Norvège préfère dormir sur le dos. Superbe oiseau, très beau plumage.***

Le client : ***Écoutez, j'ai pris la liberté d'examiner ce perroquet, ce qui m'a permis de découvrir que la seule raison pour laquelle il était resté sur son perchoir au début, était qu'il y avait été cloué.***

Le vendeur : ***Bien sûr qu'on l'avait cloué, sans ça, il aurait tordu les barreaux, et zou !***

Le client : ***Écoute, mon vieux, ce perroquet ne ferait pas zou, même si je le branchais sur quatre mille volts. C'est un foutu perroquet trépassé.***

Le vendeur : ***Mais non, il est juste triste.***

Le client : ***Il n'est pas triste, il est claqué. Ce perroquet n'est plus. Il a cessé d'exister. Il a expiré et est parti rejoindre son créateur. Ce n'est plus qu'un feu perroquet. Il a perdu vie, qu'il puisse reposer en paix. Si vous ne l'aviez pas cloué, il boufferait les pissenlits par la racine. Il a baissé le rideau et il est monté chanter au paradis. Ceci est un ex-perroquet.***

Le vendeur : ***Bon, il vaudrait mieux que je vous le remplace, dans ce cas.***

Le client : ***Quand on veut vraiment obtenir quelque chose dans ce pays, il faut se plaindre jusqu'à en avoir mal à la langue.***

Le vendeur : ***Ah, désolé, mon gars, je me rends compte qu'on n'a plus de perroquets en stock.***

Le client : ***Je vois. Je vois. J'aurais dû m'en douter.***

Le vendeur : ***J'ai une limace, si vous voulez.***

Le client : ***Est-ce qu'elle parle ?***

Le vendeur : ***Non, pas vraiment.***

Fin

À vendre :

Perroquet. Aimant les enfants.
Mais pouvant se contenter
os de seiche et graines.

Comment votre corps fonctionne

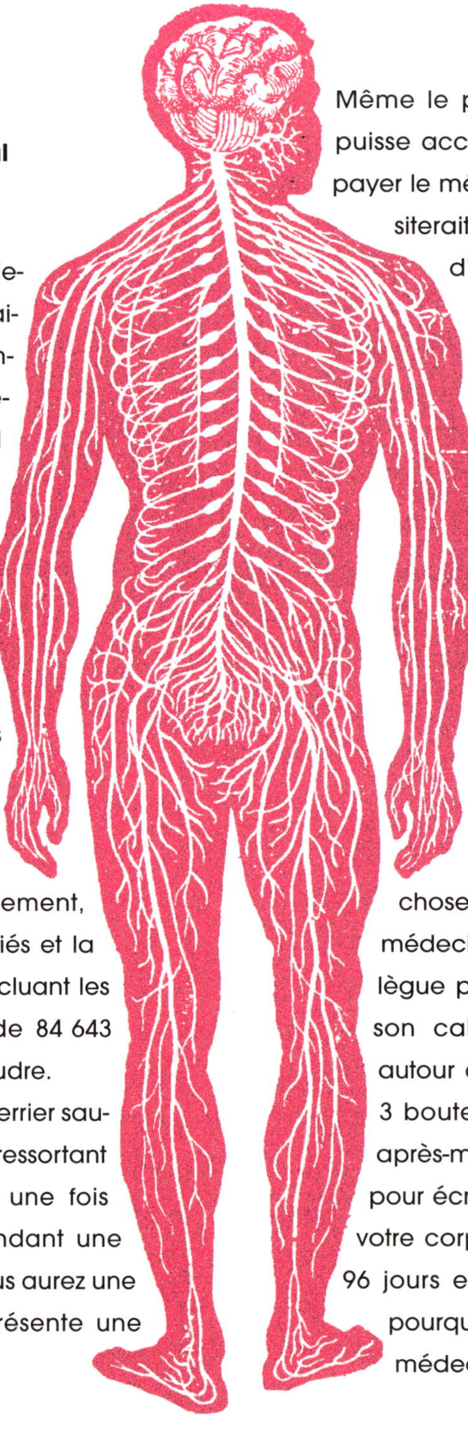

par le **Docteur**
Gérard Menvuplunul

Le corps humain est véritablement une chose extraordinaire. L'étude de l'infinie complexité de son fonctionnement nécessiterait 3 971 années à un ordinateur qui travaillerait à plein rendement, jour et nuit, hormis pendant les jours fériés et la période de Noël. Le plus léger clignement de l'œil, le plus petit mouvement du gros orteil implique un processus si extraordinairement complexe qu'un homme ordinaire, travaillant à plein rendement, hormis pendant les jours fériés et la période de Noël, mais en incluant les week-ends, aurait besoin de 84 643 années-lumière pour le résoudre. Imaginez un chien airedale terrier sautant dans un arrosoir puis en ressortant toujours en sautant, et ce une fois toutes les sept minutes pendant une période de douze ans, et vous aurez une idée de la durée que représente une seule année-lumière.

Même le processus le plus simple que puisse accomplir le corps — comme de payer le médecin, par exemple — nécessiterait une période de 9 milliards d'années à un simple morceau d'amiante pour le comprendre. Imaginez un homme qui, à une soirée cocktail, féliciterait l'hôtesse pour ses petits-fours à l'avocat 40 000 fois par seconde pendant 2 heures et demie, et ce deux fois par semaine pendant 28 000 ans et vous commencerez à saisir à quel point le corps humain est une chose extraordinaire.

Pour expliquer la chose plus simplement, imaginez un médecin qui abandonnerait à un collègue plus jeune sa clientèle aisée et son cabinet pour pouvoir voyager autour du monde 4 fois par an, boire 3 bouteilles de champagne tous les après-midi avec la femme d'un ami et pour écrire un article sur la façon dont votre corps fonctionne une fois tous les 96 jours et vous commencerez à saisir pourquoi j'ai été radié de l'ordre des médecins. Bonsoir.

Notre reportage sur la course la plus chic du monde

La plus grande compétition de crétins aristocrates au monde

La course

Sa Majesté la Reine a toujours désiré voir son poulain remporter cette course dont la prochaine épreuve se tiendra ce week-end au stade de Hurligham. Cette année, la victoire est à sa portée.

Immortels

En 1836, le capitaine Oliver Piccarda-Messel paria avec le colonel Sammy Beecher que son propre fils était le plus grand crétin vivant de l'époque. Immédiatement, ils se rendirent sur le pré le plus proche et, pour réparer l'outrage, se tirèrent mutuellement dessus, à mort. Une histoire banale, certes, mais c'est de ce pari qu'est né le Grand Prix anglais aristocratique, qui n'a pas d'autre rival que le Grand Prix catholique d'Irlande et le Marathon de Youpi-Serveurs de Café de New York. Ces deux dernières épreuves n'ont toutefois pas l'attrait de proposer des crétins de bonne famille. C'est en effet le grand mérite du Grand Prix anglais aristocrate que de favoriser l'élevage de crétins pur-sang.

Curry

Il est certain que nos écoles privées, en Angleterre, forment le meilleur vivier possible de crétins, et ce en encourageant les recrues à s'exterminer entre elles sur les terrains de sport. La Fédération de Rugby tient à cet égard un rôle de premier plan. Dès leur jeune âge, les petits aristocrates sont encouragés à se ruer tête la première sur des groupes de garçons plus solides qu'eux, en tentant vainement d'éviter les dommages cérébraux. Ainsi se développent chez eux un esprit de fair play, de camaraderie et une rude impossibilité à remettre en cause l'ordre établi – même lorsque ce dernier est stupide. Cette sensibilité est développée un peu plus tard à la faveur d'un court séjour au sein de nos armées, où on enseigne à l'apprenti crétin les mille et une manières de tomber de cheval, de tomber au cours d'un défilé devant Sa Majesté et de tomber raide bourré dans les discothèques de Kensington. La cérémonie de fin d'études est marquée par l'accueil du nouveau membre par le très coté Club de Cricket de Marylebone. Alors et alors seulement, le crétin est fin prêt à concourir.

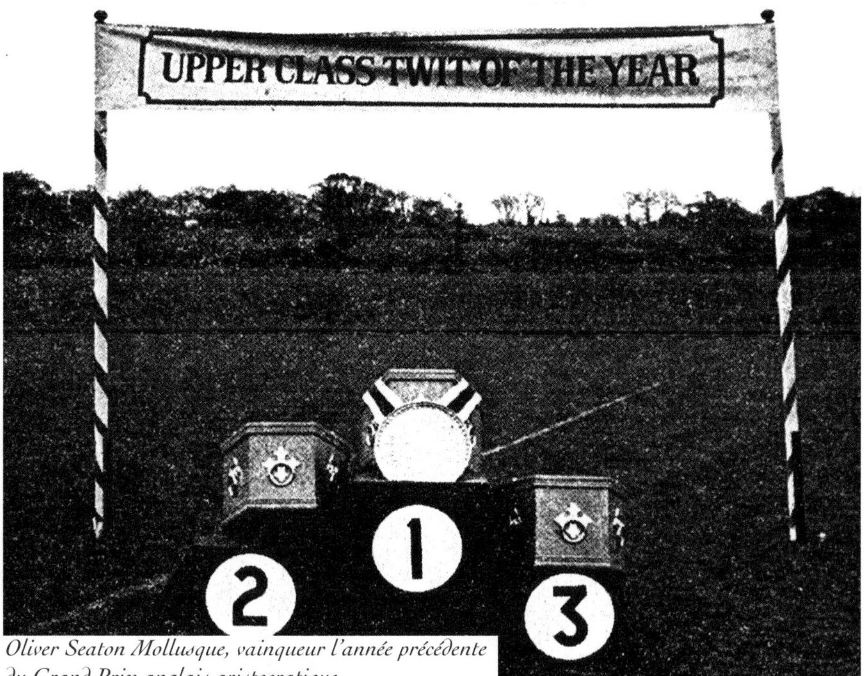

Oliver Seaton Mollusque, vainqueur l'année précédente du Grand Prix anglais aristocratique.

Norman Saint John Quelque Chose au passage de la barrière de boîtes d'allumettes. Le hobby de Norman a toujours été la chute. Il a défendu les couleurs britanniques dans cette discipline au cours des Jeux olympiques de 1968.

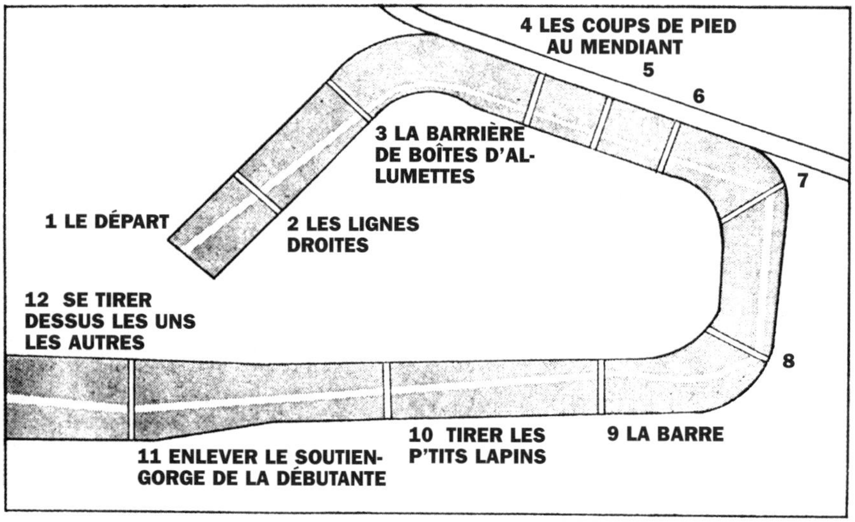

Plan de la course

1 LE DÉPART

C'est une difficulté majeure pour beaucoup de crétins dont beaucoup ne réussissent pas à commencer, d'une façon générale, quoi que ce soit. En 1967, le capitaine Brough-Huître a même échoué à se rendre jusqu'au stade. On a dû l'abattre.

2 LES LIGNES DROITES

L'astuce consiste ici à ne pas les prendre avec trop de vitesse. Les crétins de bonne famille se débrouillent en imaginant qu'il s'agit des couloirs des grands magasins Harrods.

3 LA BARRIÈRE DE BOÎTES D'ALLUMETTES

Les meilleurs crétins passent l'obstacle sans le faire vraiment exprès.

4 LES COUPS DE PIED AU MENDIANT

L'épreuve la plus déstabilisante; il faut donc que le compétiteur prenne tout son temps. Le juge peut en effet le disqualifier s'il continue à frapper le pauvre plus de huit fois après qu'il est tombé à terre. Les meilleurs crétins ont souvent été sanctionnés pour avoir mis des coups de pied au juge. En 1947, un concurrent nommé O.K.S.J.St.P. Sémaphore fut disqualifié pour avoir fortuitement donné des coups de pied à trois membres du clergé irlandais présents dans le public, qui lui ont d'ailleurs rendu la monnaie de sa pièce.

5 LA CHASSE À LA PHOTO

Le crétin doit faire face à l'appareil photo. Il doit aussi tenter de se souvenir qu'il doit embrasser la débutante, et non pas un autre crétin.

Puis viennent trois obstacles plus faciles ; tout d'abord :

6 FAIRE TOMBER LA DAME ÂGÉE

Facile, même pour le crétin moyen. D'autant plus que, pilotant une voiture de luxe, il se trouve momentanément débarrassé de ses principaux ennemis : ses pieds et son sens de l'équilibre. En 1971, Oliver a fait sensation en réussissant à se renverser lui-même.

7 CLAQUER LA PORTIÈRE DE LA VOITURE POUR RÉVEILLER LE VOISIN

Une habitude quotidienne pour les concurrents résidant dans le quartier chic de Kensington. Ceux qui sont originaires de la province connaîtront peut-être des difficultés.

Quelques crétins célèbres

Nigel Incubateur-Jones, spécialisé dans le renversement de la vieille dame. A, sans le faire exprès, réussi à survivre à la course de l'année dernière et court professionnellement maintenant aux États-Unis où il s'entraîne.

Nigel Nigel Hyphen Hyphen Pousse Pognon. Un parfait crétin. A battu un garçon à mort au collège d'Eton parce qu'il était issu de la classe moyenne.

Gervais Brooke-Hamster. Travaillait à mi-temps comme corbeille à papier pour son père tout en s'entraînant pour la course, qu'il a gagnée en 1963 tandis que tous ses concurrents mouraient noyés.

8 INSULTER LE SERVEUR
Là aussi, l'exercice est une seconde nature pour le crétin, particulièrement lorsqu'il est opposé à un serveur issu de la classe laborieuse, plus facile à insulter qu'un étranger.

9 LA BARRE
Peut-être la plus grande difficulté après l'épreuve des débutantes (voir plus loin). Les crétins doivent passer sous la barre sans s'assommer. Il faut à la plupart d'entre eux 5 ou 6 tentatives. La ligne d'arrivée est visible maintenant pour les concurrents qui approchent du dixième obstacle.

10 TIRER LES P'TITS LAPINS
Les p'tits lapins sont bien évidemment attachés au sol, ce qui n'avantage pas du tout les concurrents puisque cela leur ôte des chances de voir les animaux se blesser mutuellement. Ils peuvent entendre maintenant la foule hurler car ils approchent du célèbre onzième obstacle.

11 ENLEVER LE SOUTIEN-GORGE DE LA DÉBUTANTE
De nos jours, on utilise des mannequins factices car il est arrivé que de véritables débutantes soient excitées par l'exercice. Montrer un soutien-gorge aux crétins avant la course peut se révéler payant. La plupart n'ont en effet aucune conscience de son existence, de sa fonction, sans parler de son système d'attache.

Les concurrents approchent dès lors de la ligne d'arrivée, des tribunes et du célèbre douzième obstacle.

12 SE TIRER DESSUS LES UNS LES AUTRES
L'obstacle requiert moins d'habileté qu'on pourrait l'imaginer, car, comme le précise le brigadier Henry le Boucher dans son *Histoire du Grand Prix anglais aristocratique*, cinquante pour cent des crétins bien nés se tuent accidentellement les uns les autres au cours de parties de chasse. Quoi qu'il en soit, toutes les réussites sont comptabilisées et il arrive souvent que le corps du véritable vainqueur de la course soit en train de raidir quelque part sur le parcours tandis que le second ou le troisième parvient jusqu'à l'arrivée.
Le privilège de décerner les médailles au cercueil du vainqueur revient aux membres de la Famille Royale ayant assisté à l'épreuve, laquelle donne lieu, plus tard dans le quartier de Kensington, à un concert de portes claquées, comme le veut la tradition.

1 Justin échoue au troisième obstacle.
2 Oliver et son splendide coup de pied au mendiant.
3 Nigel Incubateur-Jones, tout à sa joie de prendre la tête de la course après l'épreuve du soutien-gorge.
4 Le fameux obstacle de la barre.
5 Les p'tits lapins.

Une grosse tête : le major **Sebastian Brake-Smythe Major**. S'est accidentellement reproduit au cours d'un bal des débutantes, au cours d'une chute d'escalier. Son fils étudie la fiscalité à Cambridge.

La panoplie du parfait crétin

La tête : Donne une impression de raideur. Indispensable à l'expression de la crétinerie. Un entraînement militaire se révèle dans le domaine être un avantage marquant.

Le visage : Doit trahir une absence d'expression. A-t-il vraiment l'air niais ? Si oui, c'est un avantage.

La cravate : Un important signe d'apparat pour la saison de la reproduction. Les cravates favorites sont celles du club de cricket de Marylebone, suivies de près par celles du collège d'Eton, de Harrow et celles des gardes de la Reine.

La montre : Probablement horriblement chère. Probablement arrêtée.

Les parties honteuses : Sont-elles complètement inemployées? C'est le cas pour beaucoup de crétins aristocrates après qu'ils ont quitté le collège privé, mais il arrive que le pire se produise. Ainsi, Simon Main Waring Waring a dû être arraché à un mannequin factice lors de la course de 1969.

Les pieds : Les meilleurs crétins essaient de les garder le moins possible en contact avec le sol. Le Rugby aide beaucoup.

L'équilibre : Le parfait crétin n'en a aucun.

Assortiment de Chocolats Whizzo

Grenouille croustillante

Les plus petits bébés grenouilles, ramassés dans la rosée du petit matin irakien, importés par avion, rincés dans une eau pétillante de première qualité, tués avec délicatesse, soigneusement enveloppés dans une quintuple couche de chocolat suisse à la crème et amoureusement saupoudrés de glucose.

Pustule ridée

Le préféré des Américains

Bouquet de cafards

Très apprécié de la Famille Royale

Vessie de bélier

Garnie des meilleurs morceaux de vessie de bélier de Cornouailles, vidée, cuite à l'étuvée, parfumée à la graine de sésame, fouettée dans une fondue et accompagnée de vomi d'alouette.

Cerise fondue

Vraiment très dégueulasse

Surprise sautillante

Notre spécialité ! Chocolat noir. Lorsque vous vous la fourrerez dans le bec, de minuscules flèches d'acier seront éjectées et viendront directement se planter dans vos deux joues.

Fonds détournés

Une banque dans la City.
Le bureau est au complet pour l'assemblée générale annuelle. Le comptable a la parole :

Le comptable : Monsieur le président, sir, messieurs les actionnaires, mesdames et messieurs. J'ai le grand plaisir de vous annoncer que grâce à une réduction des coûts de douze millions de dollars canadiens, auxquels s'ajoutent les gains d'un montant de sept millions et demi de deutsche marks en provenance de notre agence suisse, addition faite des actions préférentielles de trois millions trois quarts sur notre compte courant de réserve administratif crédité de sept millions et demi, ajout fait d'une marge de progression de onze millions et demi de lires, en vertu d'une augmentation de capital de dix millions de livres, notre entreprise a réalisé l'année passée un bénéfice d'un shilling.

Le Président : Un shilling, Wilkins ?

Le comptable : Euh... en gros, oui, monsieur le président.

Le Président : Wilkins, je suis le président d'une firme qui pèse plusieurs millions de livres et vous êtes un tout jeune comptable. N'est-il pas possible qu'il y ait eu une erreur ?

Le comptable : C'est très aimable à vous, monsieur le président, mais je ne pense pas être encore prêt à devenir président.

Un actionnaire : Wilkins, dites-moi : ce shilling, est-il net ou brut ?

Le comptable : Il est britannique, monsieur.

Le Président : Nous sommes-nous acquittés de l'impôt sur ce shilling?

Le comptable : Oui, ce bénéfice est après impôt. La cupidité du fisc a eu pour effet de faire évaporer en impôt cinq pence de ce demi-shilling.

Un actionnaire : Cinq pence de ce demi-shilling ?

Le comptable : Oui, monsieur.

Le Président : Cinq pence du demi-shilling ?

Le comptable : C'est cela, monsieur le président.

Le Président : Dans ce cas, où est le penny restant?

Le comptable : Euh...

Un actionnaire : Il manque un penny, Wilkins. Où est-il ?

Le comptable : Euh...

Le Président : Eh bien, Wilkins ?

Le comptable éclate en sanglots

Le comptable : Je l'ai détourné, monsieur.

Le Président : Quoi ? En entier ?

Le comptable : Oui, en entier.

Un actionnaire : Vous êtes un vilain personnage.

Le comptable : C'est la première fois, ayez pitié de moi !

Le Président : J'ai peur d'avoir le désagréable devoir de vous informer que vous êtes renvoyé.

Le comptable : Oh, je vous en prie, je vous en prie...

Le Président : Non ! Sortez ! Il n'y a pas de place pour les sentiments dans les affaires.

AVIONS DÉTOURNÉS

Le pirate de l'air : Que personne ne bouge... sauf évidemment ceux qui conduisent l'avion... eux peuvent bouger...

L'hôtesse de l'air : Et moi, je peux bouger?

Le pirate : Oui, oui, vous pouvez évidemment bouger un peu... bon, je ne veux pas non plus être complètement dogmatique, il est clair qu'il y a d'imperceptibles mouvements musculaires inévitables que l'on ne peut pas contrôler. Et à moins d'un accès d'autorité déplacé de ma part, je ne peux pas vous les interdire.

Le pilote : Quelqu'un par exemple qui se tétaniserait de peur...

Le pirate : Oui, voilà, par exemple. Bonne remarque.

Le second : Et il faut aussi prendre en compte les vibrations de l'avion qui font que l'on bouge tous un petit peu, plus ou moins...

Le pirate : Oui. Et nos lèvres qui bougent, là, quand nous parlons.

Le second : Très juste.

Le pirate : En fait, l'essentiel de ma demande peut se résumer au fait d'éviter les mouvements brusques ou exagérés. Les mouvements violents.

Le second : Heureusement qu'il y a le progrès, c'est merveilleux, maintenant on peut conduire un gros avion comme ça avec seulement le petit doigt. Vous auriez vu avant...

Le pirate : Oui, c'est vraiment incroyable le progrès.

Le pilote : Moi non plus vous voyez, je ne suis pas obligé de bouger, l'avion vole presque tout seul, je peux m'abstenir du moindre mouvement, sauf évidemment en cas de démangeaisons.

Le pirate : Bon. Passons aux choses sérieuses. Je veux que vous fassiez atterrir cet avion à Luton.

Le pilote : Mais c'est un avion pour Cuba !

Le pirate : Je sais, je sais, c'est pourquoi je suis ici et que je vous demande de ne pas bouger d'ailleurs. Si c'était un avion pour Luton, je serais resté dans mon siège.

Le pilote : Évidemment. Bon, il va falloir qu'on fasse demi-tour alors.

Le pirate : Désolé, je ne voulais pas causer tant de problèmes. Vous pouvez me déposer à Harpenden si c'est plus simple pour vous, je prendrai ensuite le bus pour Luton, c'est à trente minutes seulement.

Le pilote : Mais attendez, il n'y a pas d'aéroport à Harpenden...

Le pirate : Bonne remarque. Bon, je crois qu'il ne nous reste plus qu'à oublier tout cela. Je vais aller sagement à Cuba et là-bas, je prendrai un avion pour Luton, voilà tout.

Le pilote : Attendez, ne vous découragez pas si vite, nous pouvons peut-être vous parachuter sur Harpenden.

Le pirate : Non ? Ça serait possible ? Ça serait super les gars, un beau parachute dans les airs, j'en rêve depuis que je suis gamin ! En plus, je pourrais être à Harpenden pour déjeuner.

Le pilote : Topez là.

Le pirate : Ça roule !

Au même moment, dans un autre avion, un pirate surgit dans la cabine de pilotage :

Le pirate : Il y a une bombe à bord, je vous dis où, pour mille dollars !

Le pilote : Je ne vous crois pas.

Le pirate : Si vous ne me dites pas où est la bombe... Euh... Si je ne vous donne pas mille dollars... À moins que vous ne me donniez la bombe...

L'hôtesse : L'argent...

Le pirate : L'argent, oui, c'est ça. Merci charmante dame... la bombe explosera et tuera tout le monde.

Le pilote : Y compris vous-même.

Le pirate : Bon... Je vous dis où elle est pour un dollar...

LE Q.I. DES PINGOUINS

Le présentateur : Aujourd'hui, nous allons parler des pingouins et nous demander de quelle façon ils peuvent contribuer aux progrès de la médecine. Un peu, beaucoup, à moins qu'ils n'occasionnent une rupture totale avec les pratiques en vigueur aujourd'hui. Certains scientifiques pensent en effet que les pingouins pourraient peut-être aider l'homme à mieux pénétrer les arcanes de son propre cerveau, cela de façon tout accidentelle. Le hasard et l'accident ont en effet toujours joué un rôle fondamental dans la recherche scientifique, prenez l'exemple de Fleming, aussi peut-on penser qu'il n'est pas plus idiot de mettre à contribution ces drôles de petits bâtards aux pieds palmés qu'autre chose, en espérant que le hasard nous fasse tomber juste. Professeur Rosewall, je vous laisse maintenant la parole.

Professeur Rosewall : Bonjour. Je suis en effet en train, avec plusieurs équipes, de travailler sur la théorie du docteur Kramer, postulant que le pingouin est intrinsèquement plus intelligent que l'être humain. Évidemment, il est aisé de constater de prime abord que le cerveau du pingouin est plus petit que celui de l'homme. C'est vrai. Stade suivant de la théorie du docteur Kramer, si nous agrandissons le pingouin de manière à ce que sa taille soit équivalente à celle d'un homme moyen, que remarquons-nous ? Que proportionnellement, le cerveau du pingouin reste inférieur au cerveau de l'homme. C'est vrai. Mais, et c'est là l'essentiel de la théorie du docteur Kramer, nous pouvons aussi remarquer que le cerveau du pingouin agrandi est plus gros que le cerveau du pingouin normal ! La théorie du Docteur Kramer, connue également sous le nom de théorie de la perte de temps, a été abandonnée en 1956. Nous la reprenons aujourd'hui avec de folles ambitions, et les premiers résultats de nos recherches sont probants. Les tests de QI effectués sur les pingouins, s'ils ont donné de mauvais résultats comparés à des groupes de population humaine basiques, comme les Bochimans du Kalahari, sont en revanche bien supérieurs à ceux obtenus auprès des animateurs et présentateurs de télé. Si, en effet, les Bochimans présentent un QI de 23 et les pingouins un QI de 13, les animateurs et présentateurs de télé atteignent, eux, le score de 8, résultat anormalement élevé pour cette catégorie de la population, qui peut être dû à la marge d'erreur inévitable dans toute statistique.

Son assistant : Précisons que le contexte culturel joue en la défaveur des pingouins. Par exemple, il ne tient pas compte de la pauvreté du système d'éducation sur la banquise. C'est pourquoi, afin d'améliorer les résultats de nos tests, nous avons envoyé une équipe de chercheurs passer dix-huit mois dans l'Antarc-tique pour partager l'existence des pingouins, vivre comme eux, nus sur la glace, et donc mourir comme eux – juste un peu plus vite. Les résultats prouvent que dans son environnement, le pingouin est un peu plus intelligent que sur une autoroute, par exemple.

Professeur Rosewall : Après la barrière de l'environnement, nous nous sommes intéressés à celle du langage. En effet, les pingouins ne parlant pas l'anglais, c'est peut-être la raison pour laquelle ils n'ont pas répondu aux questions de notre test de QI. Nous avons donc résolu ce problème, en posant une nouvelle série de questions, toujours en anglais, simultanément à des pingouins et à des hommes ne comprenant pas un mot d'anglais. Les résultats sont limpides : le score des pingouins est le même que ceux des personnes ne comprenant pas l'anglais. J'espère que nous pourrons maintenant exploiter nos résultats très vite, ce qui, je ne vous le cache pas, devrait avoir comme premier effet un changement radical de têtes pour présenter les programmes de la télévision.

Le présentateur : Eh bien, c'est tout pour ce soir, mesdames et messieurs, mais souvenez-vous que si vous avez, en regardant cette émission, pris seulement la moitié du plaisir que nous avons eu à la faire, alors nous, nous avons eu deux fois plus de plaisir à la faire que vous à la regarder.

Manuel de Savoir-Vivre selon les Monty Python

Comment répondre à une invitation sans péter.
Comment servir le vin sans péter.
Comment se tirer d'affaire en cas d'érection lors de la garden-party royale.
Comment s'adresser à un évêque sans péter.

Le Manuel du Savoir-Vivre selon les Monty Python *est destiné à vous aider dans ces nombreuses occasions où vous vous sentez mal à l'aise en société. Par exemple lorsque vous rencontrez la Famille Royale.*

Manuel de Savoir-Vivre selon les Monty Python

Que faire en présence de la Famille Royale

Cela dépend pour beaucoup de l'endroit où vous la rencontrez. Si vous vous trouvez en présence de la Famille Royale dans un surplus de matériel chirurgical, le mieux est de ne pas du tout prendre contact puisque cela n'occasionnerait que de l'embarras de votre part et de la part de la Famille Royale.*

Si vous rencontrez un membre de la Famille Royale dans des circonstances normales, l'attitude à adopter est simple.

Si vous portez un chapeau ou un turban, ôtez-le prestement, tenez-le de la main gauche, et laissez votre main droite libre afin de ménager la possibilité pour la personne royale de décider d'un éventuel contact manuel. Poser un genou à terre serait très apprécié mais se livrer à cet exercice dans un supermarché surpeuplé ou dans un centre commercial risque de causer un encombrement et, pour finir, de vous faire jeter dehors.

NE JAMAIS *toucher la Famille Royale, en aucune circonstance, excepté si vous avez vous-même été touché par eux — mais, même dans ce cas, gardez vos mains bien au-dessus de la taille. La façon correcte de s'adresser à la Famille Royale est "Votre Majesté" ou "Votre Grandeur", et pas : "Salut, Graham."*

NE JAMAIS *poser une question directe à la Famille Royale. Par exemple, si vous souhaitez demander à la Princesse Marina où se trouve la piscine, vous devez dire : "La piscine doit être proche" en espérant qu'elle va répondre : "Non, vous vous trompez je pense, elle est située à un kilomètre d'ici, en bas de la rue Thorpe", ou : "Oui, elle est proche, vous êtes dedans."*

NE JAMAIS *couvrir d'injures, bousculer ou donner des coups de coude à la Famille Royale,sauf si ils vous attaquent.*

* *Se comporter de même dans un garage, au P.M.U., au cinéma porno ou dans les toilettes publiques.*

Mots à ne pas dire à la Reine

"Mademoiselle", "madame", "toi là", "merde alors", "qu'il aille se faire foutre", "artiste de merde", "cul", "hein?", "répète", "masturbation".

Une conversation modèle avec la Reine

La Reine : Approchez.
Un homme ordinaire : Merci, Votre Majesté.
La Reine : Qu'est-ce qui vous a amené à Wolverhampton?
Un homme ordinaire : Une de mes tantes vit près d'ici — à Wellington, en fait,à deux pas.
(À ce point de la discussion, vous aurez perdu l'attention de la Reine. Elle rencontre beaucoup de monde, tâchez par conséquent de faire des phrases courtes et précises.).
La Reine : Bien, je dois partir...
Un homme ordinaire : Au revoir, Votre Majesté.
La Reine : Au revoir, mon brave.

Une mauvaise conversation avec la Reine

Un homme ordinaire : Salut, je ne vous avais pas reconnue.
La Reine : Mais je suis la Reine !
Un homme ordinaire : Vous ne ressemblez pas du tout à votre portrait sur les timbres-poste.
La Reine : Veuillez ne pas me parler sur ce ton, espèce de sale petit mec insignifiant.
Un homme ordinaire : Vous ne pourriez pas m'aider à changer cette roue ?
La Reine : Ferme ta grande gueule, espèce de sale petite hémorroïde d'utérus.

NB : Une conversation de ce type peut ruiner vos chances d'obtenir une distinction.

Repérez la Famille Royale

Comment les distinguer

Une Reine

Un Duc

Une Princesse

Un opossum

Un Prince

Un chien

ATTENTION : Une des ombres chinoises ne correspond pas vraiment à une personnalité royale.

HAMSTERS : ATTENTION !

Bonjour, j'aimerais vous entretenir d'un problème dont beaucoup de gens, à commencer par vous, ne soupçonnent pas l'existence.

Je veux parler, bien sûr, des hamsters.

Les hamsters, comme chacun sait, sont ces mignonnes, adorables petites bêtes à fourrure qui font de si parfaits compagnons de jeux pour nos enfants. Ils prennent en effet peu de place et sont ~~très calmes~~.

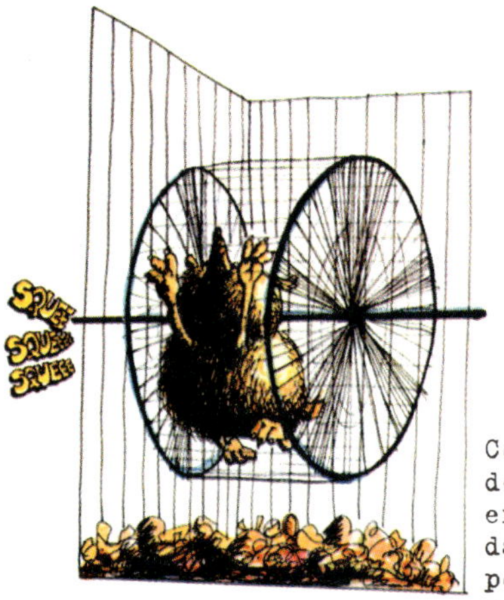

Comme il est réjouissant de les voir trottiner en rond encore et encore dans leurs petites roues pour exercer leurs petits muscles...

– et se transformer ainsi en armoires à glace remplies de biscoteaux d'acier qu'ils retourneront un jour contre leurs infortunés maîtres qui les ont pourtant généreusement régalés de petits morceaux de délicieuse salade verte...

... et puis aussi, miam, de carottes fraîchement cueillies dans le jardin.

Non mais qu'est-ce que vous croyez ?
Que ces FUMIERS se souviendront
de toutes ces gentillesses lorsque
leur heure sera venue ? Tu parles !
Le masque de l'adorable petit trésor
tombera et on verra apparaître une
horde de BÊTES VICIEUSES.

Car c'est ce qu'ils sont en réalité !

Ils TERRORISENT tout leur
voisinage avec leurs bombes
atomiques et leurs SERINGUES
HYPODERMIQUES.

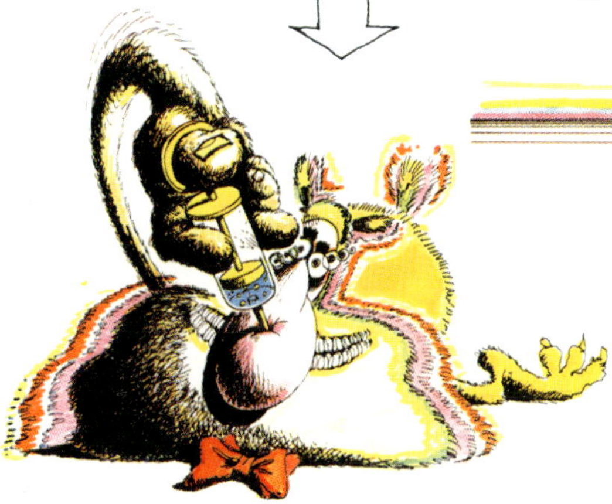

Oui, parfaitement ! Des seringues !
Car il s'agit bien de CAME.
Ce fléau qui a sapé la force
de nombreux empires, qui a mis
des nations entières à GENOUX.

NON, MONSIEUR !
On n'arrête pas ce
genre de TERREUR
avec un chti bout
de laitue !!

Non, ce qu'il vous faut, c'est un bon **MARTEAU BIEN LOURD** – le genre avec une poignée antiglisse, comme ça quand le sang commence vraiment à gicler, vous n'êtes pas contrarié dans votre élan par une SAISIE POISSEUSE !!

Avec un MARTEAU comme ça, un peu de RUSE et une BONNE DOSE DE CE COURAGE dont nos ancêtres faisaient preuve, et vous serez capable de surprendre un de ces BÂTARDS **SANGUINAIRES**.

Profitez du moment où il est ENDORMI, roulé en boule dans LA SCIURE DE BOIS CRASSEUSE et pleine de vermine qui tapisse le FOND DE SA CAGE ET...

... OH, MON DIEU ! J'ai explosé mon cerveau!

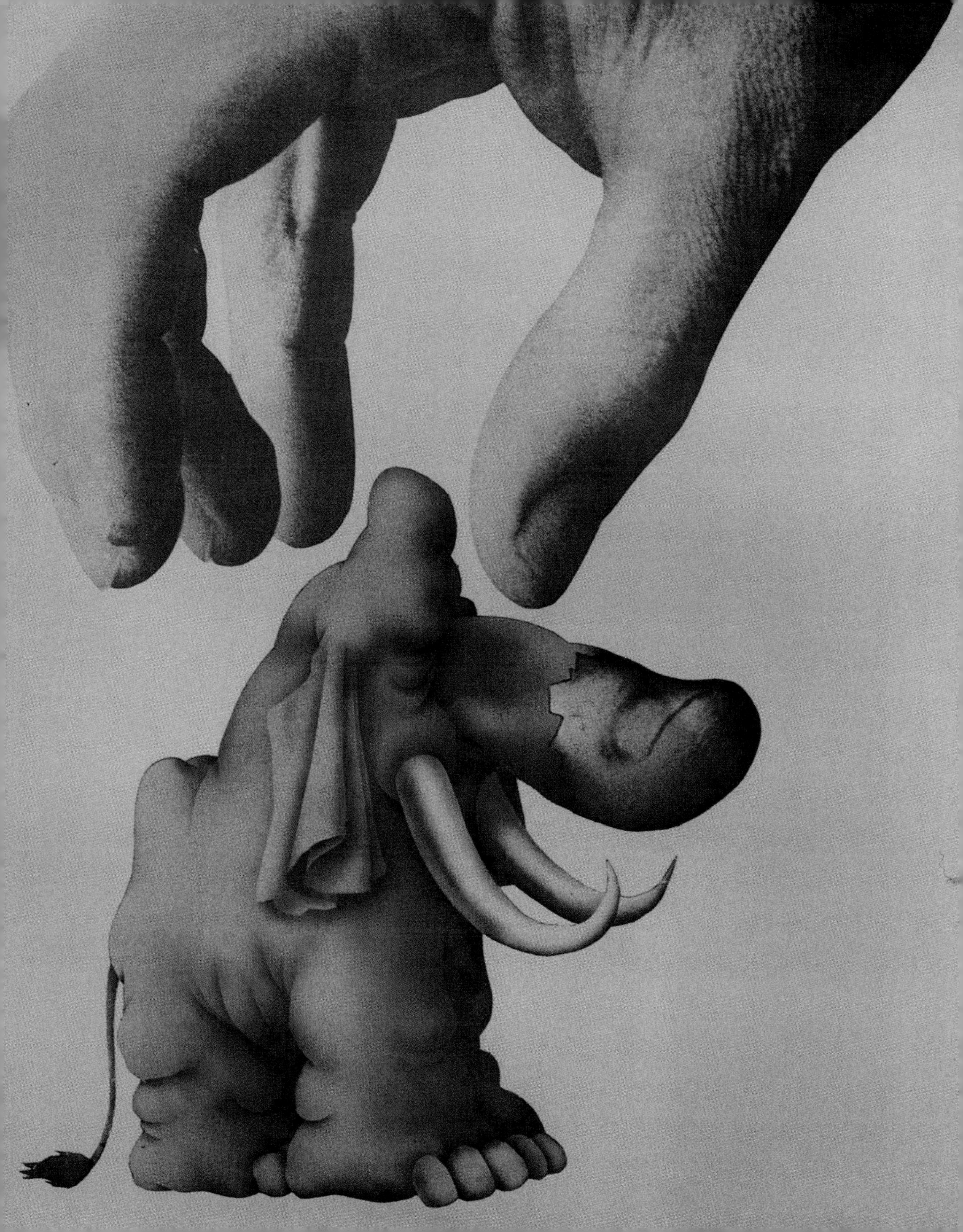

CONQUISTADOR

Le patron : Asseyez-vous, Frog.

Frog : S. Frog, monsieur.

Le patron : Taisez-vous ! Nous avons à parler, Frog.

Frog : S. Frog, monsieur.

Le patron : Taisez-vous! C'est à propos de votre campagne de publicité pour le café Conquistador. Le directeur des ventes de Conquistador est venu me voir ce matin, il est très mécontent de votre travail. Très mécontent. À tel point qu'il s'est tiré dessus, dans mon bureau !

Frog : Salement, monsieur ?

Le patron : Non, très proprement. Enfin, avant de quitter cette terre, il a laissé une note à la secrétaire, stipulant combien il était déçu par votre travail. Il se demandait en particulier, pourquoi vous aviez transformé le nom du café instantané Conquistador en Léproserie instantanée Conquistador. Alors, Frog ?

Frog : S. Frog, monsieur.

Le patron : Taisez-vous! Pourquoi avez-vous fait cela?

Frog : C'était une plaisanterie.

Le patron : Une plaisanterie?

Frog : Non, non, pas une plaisanterie, une campagne de vente.

Le patron : Je vois, Frog.

Frog : S. Frog, monsieur.

Le patron : Taisez-vous ! Voyons les faits : lorsque l'on vous a confié ce compte, Frog, Conquistador était leader du marché. Vous avez alors mis en place votre première campagne : « Conquis-tador, le café qui donne un nouveau sens au mot vomi. » Puis vous avez mis en place cette offre spéciale, donnant droit à un chien mort gratuit, pour chaque paquet acheté. Votre seconde campagne a suivi : « Le café frais et piquant qui vous fait espérer le retour de la gale et du choléra. »

Frog : C'était une bonne idée, monsieur.

Le patron : Comment cela, Frog ?

Frog : S. Frog, monsieur.

Le patron : Taisez-vous ! Alors, j'attends...

Frog : Maintenant, les gens reconnaissent la marque Conquistador....

Le patron : C'est indéniable, les gens reconnaissent la marque Conquistador : ils viennent, ce matin, de mettre le feu à l'usine, et d'en lyncher le propriétaire.

Frog : Vous n'allez pas me mettre à la porte pour cela, monsieur ?

Le patron : Vous mettre à la porte ? Deux morts, une usine qui brûle, un de nos plus gros budgets perdu et notre société qui est au bord de la faillite... qu'avez-vous à répondre à cela, Frog ? Quelles excuses pouvez-vous faire ?

Frog : Je suis désolé, papa...

La Femme : *Georges, il y a un monsieur avec une moustache qui frappe à la porte.*

Le Mari : *Dis-lui de passer son chemin, j'en ai déjà une.*

LE COMPTABLE DOMPTEUR

Le bureau d'un conseiller en orientation professionnelle. Un homme entre.

Le conseiller : Ah, M. Anchois. Asseyez-vous, je vous prie.

M. Anchois : Merci. Ça fait du bien de soulager ses pieds de son poids, n'est-ce pas ?

Le conseiller : Oui, effectivement.

M. Anchois : Beau temps pour cette période de l'année, je dois dire.

Le conseiller : Cessons ces mièvres badinages et voyons maintenant ce qui vous amène. M. Anchois, vous nous avez demandé de vous révéler pour quel travail vous étiez fait.

M. Anchois : C'est cela, oui.

Le conseiller : Eh bien, j'ai sous les yeux les résultats des entretiens et des tests d'aptitude que vous avez passés la semaine dernière, au regard desquels nous avons composé un portrait tout à fait précis de votre personnalité. Et je pense que je puis affirmer, sans crainte de me tromper, que le métier qui vous conviendrait le mieux, est la comptabilité.

M. Anchois : Mais, je suis comptable.

Le conseiller : Parfait, dans ce cas, vous pouvez retourner à votre bureau.

M. Anchois : Mais non, mais non, vous ne m'avez pas compris. J'ai passé les vingt dernières années à être comptable. Ce que je veux, c'est un nouveau travail. Quelque chose d'excitant, quelque chose qui me fasse enfin vivre.

Le conseiller : Mais, la comptabilité me semble être quelque chose d'excitant.

M. Anchois : Excitant ? Ah non, alors ! C'est terne. Terne. Terne. Mon Dieu, que c'est terne, désespérément terne, ennuyeux, assommant, rasant et dé-ses-pé-ré-ment TERNE !

Le conseiller : Soit, M. Anchois, mais voyez-vous, le dossier que j'ai sous les yeux, dit que vous êtes vous-même une personne extrêmement terne. Nos experts vous décrivent comme un individu effroyablement terne, sans imagination, timide, manquant d'initiative, d'un caractère faible, aisément dominable, dépourvu d'humour, d'une compagnie irrésistiblement ennuyeuse, morne et assommante. J'ajoute que, alors que dans bon nombre de professions, ces caractéristiques seraient des handicaps considérables, elles constituent des avantages significatifs dans l'exercice de la comptabilité.

M. Anchois : Mais, comprenez-moi, je suis venu ici pour trouver un nouveau travail, une nouvelle vie, une nouvelle signification à mon existence. Ne pouvez-vous donc pas m'aider ?

Le conseiller : Avez-vous une idée de ce que vous voudriez faire ?

M. Anchois : Oui, oui, j'en ai une.

LE COMPTABLE DOMPTEUR

Le conseiller : Et c'est quoi ?
M. Anchois : Dompteur de lions.

Le conseiller : Ah oui, je vois... Oui... Bien sûr. Ce serait une sacrée reconversion, n'est-ce pas ? Enfin, je veux dire, passer de la comptabilité au domptage, c'est un gros effort. Vous ne pensez pas que ce serait mieux si vous progressiez par étapes, en devenant banquier, par exemple ?

M. Anchois : Non, non, non ! Je ne veux plus attendre ! À neuf heures, demain matin, je veux être dans la fosse et dompter les lions.

Le conseiller : Bien, bien... Mais, êtes-vous, enfin ... Avez-vous la moindre qualification ?

M. Anchois : Oui, j'ai un chapeau.

Le conseiller : Un chapeau ?

M. Anchois : Oui, un chapeau. Un chapeau de domptage de lion. Un chapeau sur lequel il y a écrit « dompteur de lions ».
Je l'ai acheté dans les magasins Harrods.
Il s'allume, et on peut lire « dompteur de lions » en grandes lettres de néon, comme ça, on peut les dompter, la nuit, quand ils sont un peu moins contrariants.

Le conseiller : Je vois, je vois.

M. Anchois : Et on peut l'éteindre durant la journée, et le déduire de ses frais professionnels, et se le faire rembourser en cas d'accroc, en accord avec le paragraphe 335 C, relatif aux dépenses à caractère profession...

Le conseiller : Oui, oui, je comprends, mais voyez-vous, M. Anchois, le hic, c'est que... Si j'appelle maintenant M. Bouglione, et que je lui dis que j'ai dans mon bureau, un comptable de quarante-cinq ans, qui souhaite devenir dompteur de lions, sa première question ne sera pas : « Est-ce qu'il a son propre chapeau ? » Il va plutôt me demander quelle expérience des lions il a eue.

M. Anchois : Eh bien, je... J'en ai vu au zoo.

Le conseiller : Bien, bien, très bien.

M. Anchois : Des petites boules de poils avec des pattes courtaudes, et un grand nez tout long. Je ne vois vraiment pas pourquoi on en fait tant d'histoires, je les dompterai sans problème. Ce sera facile.

Le conseiller : Et ces, euh... Ces lions...
Ils sont grands comment ?

M. Anchois : *(Élevant sa main à trente centimètres du sol)* À peu près comme ça.
Vous connaissez ? Ils ne me font pas peur du tout.

Le conseiller : Vraiment ? Et ces lions, est-ce qu'ils ne mangeraient pas des fourmis ?

M. Anchois : Oui, c'est cela.

Le conseiller : Eh bien, M. Anchois, j'ai peur que ce que vous me décriviez là ne soit, en fait, un fourmilier.

M. Anchois : Un quoi ?

Le conseiller : Un fourmilier. Pas un lion.
Voyez-vous, un lion est une bête sauvage, d'à peu près un mètre cinquante de hauteur, et de trois mètres de longueur, pesant plus de deux cents kilos, capable de courir à soixante kilomètres-heure, muni d'une multitude de

LE COMPTABLE DOMPTEUR

dents aux pointes acérées, et de vilaines griffes tranchantes comme des rasoirs, qui peuvent vous ouvrir le petit ventre avant que vous ayez eu le temps de dire bonjour, et j'ajoute que ça ressemble à ça.

Il sort une photo de lion d'un tiroir et la met sous les yeux de M. Anchois, qui hurle de terreur.

Le conseiller : Alors, dois-je appeler M. Bouglione ?

M. Anchois : Euh, non, non, attendez. Je pense que votre idée de progresser vers le domptage par étapes faciles, comme par exemple, les assurances...

Le conseiller : Ou la banque.

M. Anchois : Oui ! La banque, c'est bien, ça. La banque, ça, c'est une vie d'homme, n'est-ce pas ? La banque, c'est les voyages, les sensations fortes, l'aventure, le frisson, la prise de décisions affectant la vie des gens...

Le conseiller : Bien dit. Dois-je vous mettre en contact avec une banque ?

M. Anchois : Oui.

Le conseiller : Parfait.

M. Anchois : Euh, non, non, attendez. C'est une grande décision à prendre. J'aimerais bien avoir une ou deux semaines devant moi, pour y réfléchir... Enfin, vous savez, je ne veux pas me lancer trop vite. Peut-être trois semaines. Je vous appellerai à ce moment-là, pour l'instant, je préfère ne pas arrêter ma décision...

Le conseiller se tourne face à la caméra, et parle comme si M. Anchois n'était plus là.

Le conseiller : Vous venez de voir un cas typique, et malheureusement trop fréquemment enregistré dans nos dossiers relatifs à la comptabilité. Le seul moyen dont nous disposions pour combattre ce fléau qui affaiblit notre société, c'est d'informer le public des maux qu'il engendre, et de montrer aux jeunes que le jeu n'en vaut vraiment pas la peine. Aussi, je vous demande, s'il vous plaît, de faire preuve de générosité, d'envoyer vos dons à cette adresse : La Ligue pour combattre la comptabilité, 55 Lincoln House, Basil Street, Londres, SW3.

Monsieur Biggles : *Dolores, pouvez-vous prendre une lettre en sténo ?*
Dolores : *Oui, senior Biggles.*
Monsieur Biggles : *Dolores, je vous ai dit mille fois de ne pas m'appeler Senior ! Je ne suis pas espagnol. Appelez-moi M. Biggles ou Mme Biggles, si je porte les habits de ma femme, mais plus jamais senior !*

Le Métier des Armes

Un colonel de l'Armée royale britannique est assis à son bureau. On frappe à la porte.

Colonel : Entrez ! *(Le soldat de deuxième classe Watkins entre et salue.)* Que voulez-vous ?

Watkins : Je voudrais quitter l'armée, mon colonel.

Colonel : Dieu du ciel, soldat, mais, pourquoi donc ?

Watkins : C'est dangereux.

Colonel : Quoi ?

Watkins : Il y a des gens là, dehors qui ont des pistolets, mon colonel.

Colonel : Quoi ?

Watkins : De vrais pistolets, mon colonel. Pas des jouets, mon colonel. Vrais de vrais, mon colonel. Ils en ont tous. Tous, mon colonel. Y'en a même qui ont des chars.

Colonel : Watkins, ils sont de notre côté.

Watkins : Et des grenades, mon colonel. Et des mitrailleuses, mon colonel. Alors, j'aimerais bien partir, mon colonel, avant de me faire tuer, s'il vous plaît.

Colonel : Watkins, vous n'êtes dans l'armée que depuis aujourd'hui.

Watkins : Je sais, mon colonel, mais il y a des gens qui se font tuer pour de vrai, pas moyen de dire pouce, mon colonel. Un type m'a dit que quand vous êtes dans l'armée, et qu'il y a une guerre, on est obligé d'aller se battre.

Colonel : C'est vrai.

Watkins : Mais, je veux dire, merde alors, enfin, je veux dire : si c'était une grosse guerre, quelqu'un pourrait avoir mal.

Colonel : Watkins, pourquoi vous êtes-vous engagé ?

Watkins : Pour le ski nautique et les voyages, mon colonel. Pas pour la tuerie, mon colonel. Je leur avais demandé de le mettre sur mon formulaire d'engagement, mon colonel : pas de tuerie.

Colonel : Watkins, ne seriez-vous pas un pacifiste ?

Watkins : Non, mon colonel, je ne suis pas un pacifiste, mon colonel, je suis un lâche.

Les Enquêtes Londoniennes du Détective René Descartes

Chapitre I

L'odeur âcre de fumée de cigarette refroidie pesait lourdement dans l'air du bureau minable de Whitehall. Le seul son perceptible était le vrombissement agressif d'une mouche fureteuse sautillant sur les vieux dossiers crasseux empilés sur la cheminée, dans laquelle on avait logé le radiateur électrique (le modèle réglementaire à Scotland Yard), lequel tentait sans grande conviction, à coups de petites bouffées tièdes, de réchauffer la mélancolie de novembre.

L'inspecteur René Descartes, dit « le Douteux », épousseta machinalement la cendre gris-blanc qui était tombée sur la manche de son unique veste en vigogne et, à travers la fenêtre, contempla d'un air morose les toits de Whitehall que les pigeons avaient copieusement souillés. Je pense, pensa-t-il, donc...

Le téléphone roux hurla son urgente sollicitation. Descartes, brusquement arraché à sa rêverie, s'empara d'un geste vif du combiné et le précipita à son oreille.

— Désolé de vous déranger, inspecteur. *(La tonalité familière du sergent Warnock s'écoulait le long du fil.)* Ici le sergent Warnock.

— En êtes-vous certain?

— Je pense que je suis le sergent Warnock, donc je suis le sergent Warnock, répliqua avec assurance le sergent Warnock. Un court instant, le Douteux vacilla.

— Mais si vous pensiez être Marc Aurèle, seriez-vous pour autant Marc Aurèle? contre-attaqua adroitement l'érudit.

— Euh... probablement pas, admit le fidèle sergent qui risquait ainsi le tout pour le tout. Quand l'inspecteur Descartes était de cette humeur-là, le simple travail de routine pouvait durer des jours.

— Donc, le fait que vous pensiez être le sergent Warnock n'est pas une condition suffisante pour affirmer que vous l'êtes.

— Mais, détective, n'est-ce pas vous qui avez affirmé “Je pense à quelque chose, donc je suis quelque chose” ?

— Non. Non sergent, vous n'y êtes pas du tout.

— Eh bien, détective, opposa le vaillant sergent d'un ton résolu, il doit y avoir une forte probabilité pour que je sois le sergent Warnock. Ne pourrions-nous pas raisonner sur la base de cette hypothèse?

— J'ai bien peur que ce ne soit précisément ce type de raisonnement, trop prompt à exclure le doute, trop nébuleusement pragmatique, qui a causé la perte de prestige de nos services.

— Inspecteur, il s'agit d'une question urgente. J'ai le Premier ministre en ligne.

— Mon cher et supposé sergent, un jour ou l'autre il fauda bien que vous vous attaquiez à ce problème d'identité.

— Inspecteur, je vous répète que j'ai le *Premier ministre* au bout du fil.

— Mais comment pouvons-nous être *certains* qu'il s'agit du Premier ministre?

— Seigneur Jésus !

— Voilà justement une parfaite illustration de mon propos, Warnock...

— Arghhh !

— ... à supposer bien sûr que vous soyez bien celui à qui je parle. Je ne puis déjà pas être convaincu de la Warnockité de la personne avec qui je converse présentement, comment pourrais-je alors *a fortiori*

accepter que cette source authentifie une tierce personne, laquelle est située hors des limites de mon expérience directe et vérifiable ?
— De toute façon, le Premier ministre vient de raccrocher.
— S'il a jamais été en ligne.
— Eh bien, s'il l'a été, avant de raccrocher il a demandé à vous parler. Voulez-vous que je le rappelle pour vous et que je vous le passe ?
— Pas si vite, sergent, j'en suis pour l'instant au stade où je commence à admettre qu'il s'agit bien de vous.
— Je vous en remercie, inspecteur.
— Maintenant, si je prends contact avec le Premier ministre, comment pourra-t-il être certain de parler avec *moi* ?
— Inspecteur, c'est son problème.
— Et comment saurai-je que je *lui* parle?
— En l'appelant vous-même.
— Mais supposez que je parle à quelqu'un en pensant qu'il s'agit du Premier ministre, alors qu'il ne l'est pas, *alors* le Premier ministre risque en même temps de dévoiler de probables secrets d'État à quelqu'un qu'il supposerait faussement être moi.
— Mais, inspecteur, quand bien même parleriez-vous avec une tierce personne, cela n'aurait pas nécessairement pour conséquence que le Premier ministre discute dans le même temps avec qui que ce soit.

Descartes, plongé dans sa réflexion, suça machinalement son pouce.
— Bien raisonné, sergent. Appelez-le pour moi.

Raccrochant piteusement le combiné, Descartes pivota sur son vieux fauteuil en cuir et contempla mélancoliquement la fenêtre. Ce sacré vieux Londres, pensa-t-il. Au moins la pluie battante avait cessé. Ou plutôt il semblait certain qu'il n'existait aucune entité telle que l'affirmation « X est soumis au moins au crachin et au plus à la pluie torrentielle » soit vraie lorsque X était égal à *a*, mais pas l'inverse.

Chapitre II

La porte du ministère claqua et il se retrouva une fois de plus sous la grêle et la neige fondue auxquelles ses quatorze années passées à Londres ne l'avaient pas encore habitué. Il traversa la rue d'un pas rapide, esquivant les taxis qui fendaient l'air, et se précipita sous le portail tiède et accueillant du Nouveau Scotland Yard. Pourquoi donc, pensa-t-il, le Premier ministre perdait-il toujours son calme lorsqu'il se trouvait en sa présence ? Pourquoi diable se mettait-il dans un tel état pour un pays dont l'existence n'avait jamais été indubitablement prouvée ? Sans parler de l'énervement que lui causaient les intentions de ses supposés habitants, lesquels réclamaient des informations sur des événements que le Premier ministre s'évertuait à vouloir garder « secrets ». « Secrets relatifs » que le Douteux aurait été disposé à admettre (sous quelques réserves mineures) mais ses tentatives pour signaler cette négligence terminologique avaient reçues une sèche rebuffade de la part du Premier ministre. Un homme qui, la plupart du temps, était enclin à émettre des conclusions aussi hâtives qu'insatisfaisantes, mais qui, à l'occasion de cette réunion, témoignait par sa réserve d'une témérité inattendue, probablement à cause de la présence d'un individu qu'il prenait visiblement pour le Président des États-Unis d'Amérique, croyance qui s'appuyait, du moins selon ce que le Douteux pouvait déduire, sur une ressemblance exacte mais superficielle de cet individu avec celui auquel le peuple américain a pour habitude de faire référence sous l'appellation de Président, présence qui était augmentée de celle d'une centaine de soi-disant « gardes du corps », d'un prétendu vice-Président et de quelques autres personnages encore. Tous les individus mentionnés, comme le Douteux l'avait respectueusement fait remarquer, pouvaient tout à fait être des imposteurs envoyés par une personne douée d'une compétence d'organisateur moyenne, et ne pouvaient donc pas être considérés comme légitimés dans leurs prétentions identitaires par le titre de Président revendiqué par l'individu qui ressemblait à Nixon, lequel, bien que présentant un visage susceptible d'abuser au premier coup d'œil un observateur non entraîné, pouvait fort bien être un jumeau, un « double », un mannequin animé très sophistiqué, une banale illusion d'optique apparue simultanément au supposé Premier ministre et à lui-même, une hallucination causée par la présence possible d'une drogue dans le thé qu'on leur avait servi, ou encore, et c'était là l'éventualité que le Douteux trouvait la plus séduisante intellectuellement, un hologramme. Et ce fut en fin de compte dans le but de mettre à l'épreuve du réel ce dernier soupçon qu'il avait porté un léger coup sur le haut de la tête du supposé hologramme. Ce qui avait causé bien du remue-ménage. Mais pourquoi donc, se demandait le Douteux, tout en retirant machinalement de son crâne les petits éclats du téléphone du Premier ministre, l'avait-on affecté à un poste sur les îles Tonga en qualité de simple gardien de la paix, et ce pour une période de temps non précisée ?

Allait-ce être *la* grande affaire ?

Chapitre III

L'odeur âcre du lait de noix de coco refroidi pesait lourdement dans l'air de la plage inondée de soleil des îles Tonga. Le seul son perceptible était le clapotis répété des vagues fureteuses qui s'échouaient avec indolence sur le catamaran (un modèle approuvé par les règles sécuritaires du gouvernement des îles Tonga) dont l'un des flotteurs miroitait faiblement, tentant sans grande conviction de concurrencer la lumière éblouissante du mois d'août. L'inspecteur René Descartes, dit « le Douteux » épousseta machinalement le morceau de noix de coco qui était tombé sur la manche en vigogne de son unique short de bain et contempla d'un air morose la plage de Whitebay que les crabes avaient copieusement souillée. « Je regarde dans le vide, pensa-t-il, donc... » Mais sa rêverie fut brutalement interrompue par le gazouillis aigu d'un poisson volant et il tourna les talons, avançant, d'un pas ferme qui faisait fuir les homards devant lui, en direction du haut de la plage et de la fraîcheur des majestueuses chutes de New Reichenbach qui rugissaient familièrement à plusieurs centaines de mètres au-dessus de sa tête.

Tandis qu'il attaquait d'un pas vif le sentier roux menant au pont qui enjambait avec précaution les eaux bouillonnantes et tumultueusement rugissantes qui constituaient l'élément liquide justifiant l'existence d'un pont, « le Douteux » résuma mentalement les quatorze mois écoulés.

« Pas grand-chose » convint-il avec lui-même, « très peu de paperasserie, très peu de dossiers; pas un seul, en fait. C'est d'ailleurs pour ça que je peux tout résumer mentalement. » Satisfait de cette conclusion, il avança à grands pas sans conviction sous l'impérieux soleil, passant devant le bureau aux volets roses du joyeux gardien des chutes, remarquant à peine les splendides massifs de bougainvillées qui le bordaient et qui ressemblent tant aux splendides massifs de bougainvillées qu'on peut voir juste en face du Harry's Bar, au coin de la rue Victoria et de la rue des Alcooliques Anonymes, dans le square principal de Tongatapu, l'indolente capitale des îles Tonga, où je suis moi-même allé comme vous le prouve cette description.

Le gardien de la paix René Descartes venait de mettre un pied précautionneux sur la désagréable passerelle de Bakélite qui se balançait sauvagement, seule interposition entre lui-même et le tombeau liquide quoique parsemé de quelques solides rochers. Laissant tomber son regard vers le vortex bouillonnant de la cascade, il épousseta nonchalamment l'habituel flocon d'écume glacée de son unique casque de vigogne bleu marine. « Je médite, médita-t-il, donc je vais certainement être interromp... »

Mais sa méditation fut interrompue par l'aboiement zézayant auquel il s'attendait à moitié pour une raison ou une autre.

— Bonjour.

Edward de Bono, son pire ennemi, adepte notoire de la pensée latérale, se tenait sur la passerelle, dans une position oblique inquiétante.

— Bonjour, grinça Descartes haineusement. Pas de réponse. Bonjour regrinça-t-il férocement, tout en s'avançant un peu, mentalement et de biais.

La passerelle de Bakélite sembla répondre en bringuebalant plus violemment. Descartes affermit sa position et, rassemblant ses forces, médita sur la terrifiante existence de De Bono. Celui-ci, à la vue des habituelles quoique hypothétiques gouttes de sueur qui perlaient sur le front du Douteux, fit face et résista à l'assaut mental qui pourtant, il le pressentait, le terrasserait. Un craquement, la passerelle sembla hésiter puis, une seconde plus tard, se balançant latéralement, précipita les deux combattants dans une direction imprévue, vers une probable tombe liquide.

Une sacrée chute, commenta en son for intérieur le Douteux, tout en mettant en doute jusqu'au bout l'existence de De Bono qui, en apparence, tombait à pic.

— Quelque part dans le lointain, quelqu'un pourrait entendre le cri faible et familier d'une poubelle qui se laisse enlever, hurla de Bono, prouvant par là qu'il demeurait jusqu'à sa fin un penseur latéral.

Il y eut un crash répugnant, suivi d'un cri répugnant, puis deux splash répugnants, un craquement répugnant et puis deux trois bruits répugnants très difficiles à décrire.

« Donc... Je suis mort, pensa le Douteux. Une seconde... Je suis en train de penser... Je pense, donc je... »

Grâce à un bond de logique, il était vivant.

Chapitre IV

Le pruneau du calibre 22 traça un sillon oblique sur le teck verni de la table à manger Louis XIV de la fin des années 1790 que Mme Capoulet, femme du Chargé d'Affaires de Lima, avait fait installer à grands frais par Serge de Paris en septembre de l'année précédente, et rendit un son mat en percutant le motif principal représentant une plante aspidistra, d'un style ancien, qui soutenait un luxuriant éparpillement de fleurs de papiers peints issus de la gamme Hardy Fontainebleau en provenance directe de la planche à dessin de Richard Villon, doyen de la Société des Amis du Papier Peint et ami intime de Mme Capoulet qui se figea, les yeux écarquillés et les narines dilatées dans cette attitude de fierté outragée propre à l'aristocratie française apprise lorsqu'elle était enfant dans l'élégant salon de sa mère, la comtesse de saint Égrement, il y a bien des années de cela dans ce Paris qui n'est plus ce qu'il était, à l'époque où la société chic avait l'habitude de se rassembler les matins d'hiver pour discuter de la représentation théâtrale donnée la veille, en sirotant du thé anglais dans le décor d'un goût si exquis, si raffiné du rez-de-chaussée de l'appartement du boulevard Saint-Michel, habillé d'un papier peint rayé de style Régence, rappelant la ligne Régence disponible dans les magasins Sanderson. La bouche de Mme Capoulet, impeccablement dessinée par son rouge à lèvres Dior, décocha un sourire méprisant au jeune homme d'un mètre quatre-vingts qui arborait une tignasse noire échevelée et qui tentait de débloquer la chambre de percussion de son pistolet automatique Mauser, un modèle en principe à répétition. Elle se sentit bizarrement désolée pour la nervosité, signe d'une mauvaise éducation du jeune homme qui trahissait tandis qu'il se tenait dans l'encadrement de la porte, au-delà de laquelle elle pouvait voir, par-dessus son épaule habillée d'une chemise crasseuse, le pimpant vestibule qu'elle avait fait décorer la semaine dernière avec ce délicat papier peint vert pastel qui lui rappelait les soirées d'été sous les arbres du bois de Boulogne. C'était à lui seul la glorieuse justification de l'art des dessinateurs de papier peint : une discrète mais saisissante combinaison des couleurs jade et malachite, nuancées par des ombres fuyantes enroulant une dentelle de fleurs de cerisier délicatement rendues et qui constituaient le motif principal.

Pas du tout comparable au papier que son précédent mari avait choisi pour sa chambre à coucher, qui était d'une expression plus moderne et s'appuyait sur le thème immortel des contrastes saisonniers, thème auquel les dessinateurs de papier peint avaient si souvent rendu hommage à travers les âges.

Le dessin principal se distinguait par de larges ovales ombrés aux couleurs coquille d'huître et anthracite d'une part, crocus et bouton-d'or de l'autre, séparés par des motifs sépia et ocre qui s'entrelaçaient dans des formes fluides, d'une tournure éphémère.

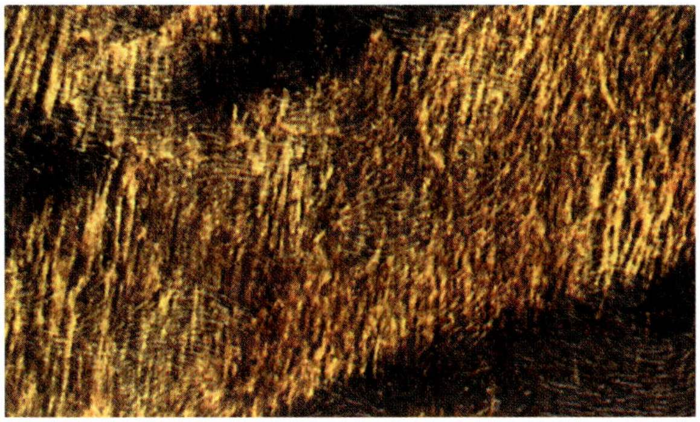

Dans la salle de bains, il y avait un vinyle avec un thème nautique d'ancres et de vaisseaux de ligne.

Le papier peint de la salle à manger était un dessin original de William Morris mais rehaussé de couleurs modernes; un simple dessin floral donne une impression d'espace tout en préservant le sentiment intrinsèque de l'intimité, pour 190 F le mètre :

Une note plus audacieuse peut être jouée avec cet intrépide et expressif motif édité par la maison Moderne de Chelsea, un papier peint luxueux, un modèle exclusif dessiné de façon à laisser croire qu'il est usé dès le jour de sa pose. Une nouveauté amusante à 1 950 F le mètre :

Dans une gamme meilleur marché, le motif « Sapin » reste toujours aussi populaire que son prix : 15 F.

Au cas où vous seriez d'une humeur très audacieuse, pourquoi ne pas opter pour « Massacre de la Saint-Valentin » à 780 F le centimètre :

MASSACRE DE LA St. VALENTIN

REF. 0587

Made in America

Motif Hémoglobine Véritable

Poser horizontalement

Reliez les Points...

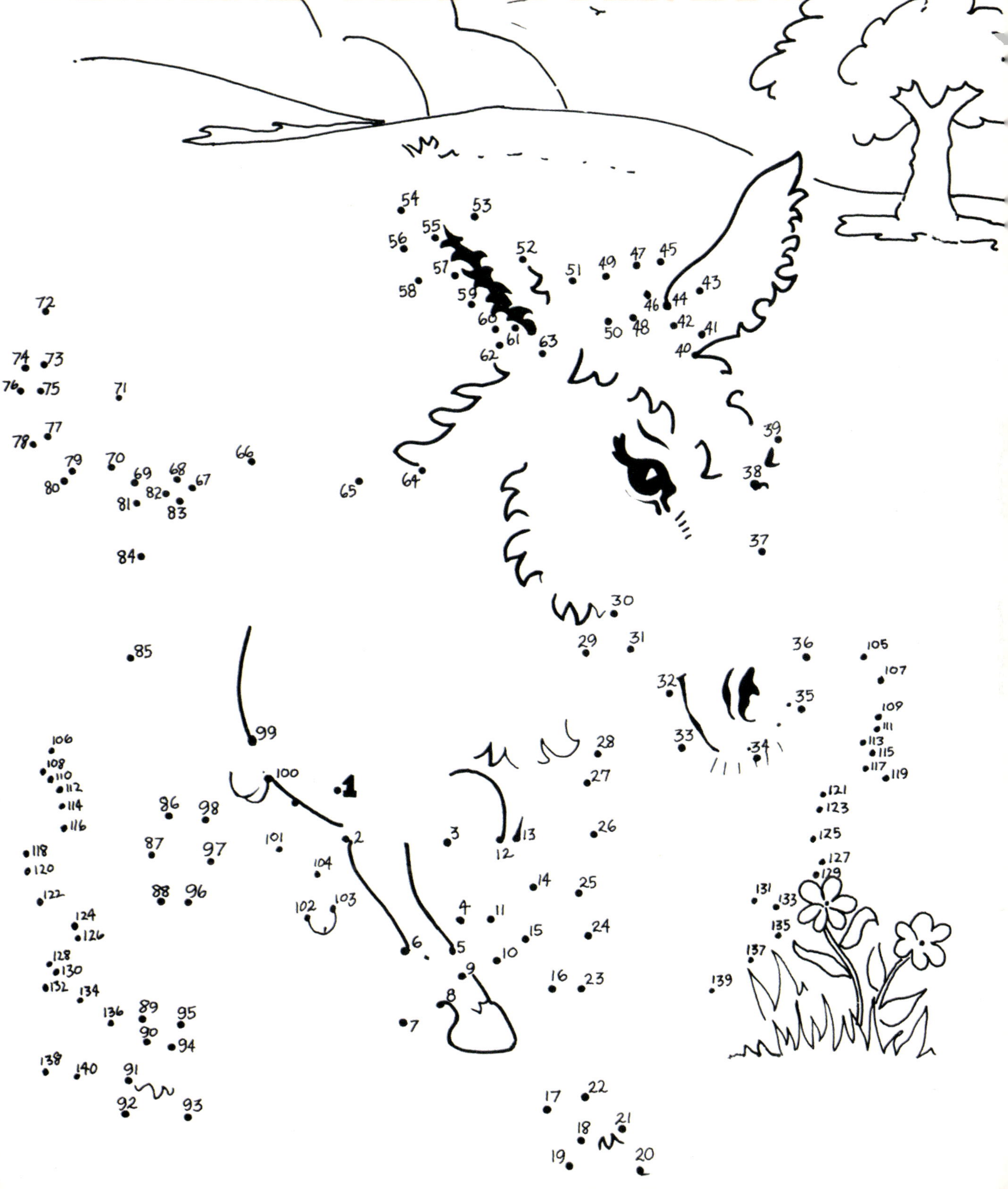

DAMNED!
DAMNED!!
DAMNED!

L'EXISTENCE DE DIEU

Le Présentateur : Bonsoir et bienvenue à notre émission. Nous avons invité ce soir monseigneur Edward Gray, émissaire du collège de théologie et auteur de nombreux livres consacrés à la foi, le plus récent, déjà un best-seller, étant tout bonnement intitulé « Mon Dieu ! ». Face à lui, le docteur Tom Jack, humaniste et agnostique, conférencier et auteur du livre « Salut Matelot ! ». Exceptionnellement ce soir, au lieu de discuter de l'existence ou de la non-existence de Dieu, les débatteurs ont décidé de se battre, afin d'imposer leur point de vue. L'existence, ou la non-existence de Dieu sera donc prouvée par KO ou abandon avant le dixième round.

***Le représentant :** Mon père, notre maison a la joie de vous offrir 50 litres gratuits de notre liqueur...*
***Le prêtre :** Oh, c'est trop d'honneur, il ne fallait pas, voyons...*
***Le représentant :** Mais si, mais si, vous êtes un de nos meilleurs clients. Avec les États-Unis d'Amérique.*

LEÇON DE CATÉCHISME

L'interviewer : Mon père, quelle est la euh... position... de l'Église sur le sexe et le mariage ?
Le prêtre : Eh bien, voyez-vous, c'est le plus souvent dans les liens du mariage que les partenaires acquièrent l'essentiel de leur connaissance charnelle.
L'interviewer : Mais la position de l'Église sur ce point, précisément, sur les ébats sexuels entre époux...
Le prêtre : Il est vrai que ce n'est pas vraiment notre tasse de thé, mais, voyez-vous, nous serons obligés de garder les yeux fermés tant que le sexe restera le principal vecteur de reproduction. Bien entendu, il y a toujours la possibilité d'immaculées conceptions, mais, voyez-vous, il ne serait pas raisonnable de se fonder là-dessus pour assurer la reproduction de l'espèce et ainsi, interdire le sexe entre époux. C'est dommage, mais c'est comme ça. Donc, l'Église tolère ces pratiques. Tant qu'elles visent à la reproduction, évidemment, et non pas, pour le fun.
L'interviewer : C'est pour cela que vous interdisez toutes les formes de contraception, hormis le décompte des jours ?
Le prêtre : Oui. Nous autorisons nos fidèles à compter les jours, uniquement parce que c'est une méthode de contraception qui ne fonctionne pas.
L'interviewer : Mais à penser ainsi, ne craignez-vous pas d'encourager la surpopulation, et donc la misère, la pauvreté, les maladies ?
Le prêtre : Oui. Mais je vous rappelle que nous faisons la promotion d'un monde meilleur. Et donc, plus on pourra envoyer de gens là-bas, mieux ce sera pour nous !
L'interviewer : Le Christ lui-même, a-t-il condamné le sexe comme péché ?
Le prêtre : Directement, non. Mais c'est probablement juste un oubli de sa part, que nous avons heureusement rectifié, avec l'aide de Paul.
L'interviewer : Le pape ?
Le prêtre : Non, non, le saint. Saint Paul. Le phallocrate, vous savez ?
L'interviewer : Ah, la pédale !
Le prêtre : Ce sont des on-dit ! Toujours est-il que saint Paul a réintroduit le péché de chair dans l'enseignement du Christ, ni vu ni connu. C'est d'ailleurs pas mal fait, hein, on y croit !
L'interviewer : Oui, c'est du bon boulot.
Le prêtre : Comme ça, si le sexe est toléré entre époux, on se rattrape un peu sur la culpabilité.
L'interviewer : Mais cela ne vous gêne pas d'avoir un peu transformé l'enseignement du Christ ?
Le prêtre : Non. Vous savez, le Christ était un jeune homme, et bien qu'il ait eu des idées vraiment du tonnerre, il lui arrivait quand même de dérailler un peu, de temps en temps. Il faut l'excuser, il a eu une jeunesse un peu difficile, une famille juive assez pauvre, un père, Dieu, qui était présent partout, qui, en plus, n'était pas vraiment marié avec la mère du Christ.
L'interviewer : Oui, mais Joseph lui, était marié avec.
Le prêtre : Peut-être, mais rappelez-vous : Marie était vierge, le mariage n'avait pas été consommé, et donc, l'union n'était pas vraiment légale.
L'interviewer : En d'autres termes, Jésus-Christ était un bâtard.
Le prêtre : Si vous voulez, mais un bâtard tout-puissant, quand même. Bref, cette jeunesse difficile, cette mère assez louche, tout cela aide à comprendre pourquoi il est devenu polygame, après sa mort.
L'interviewer : Polygame ?
Le prêtre : Bah oui, les nonnes !
L'interviewer : Évidemment. Enfin, cela n'empêche pas que vous êtes en accord avec la majeure partie de son enseignement.
Le prêtre : Bien sûr. Il a bâti des fondements inestimables pour notre entreprise. C'est vrai qu'on nous reproche parfois de prendre quelques libertés avec sa parole, mais entre nous, comment voulez-vous vanter des principes de pauvreté, de douceur et de tolérance, si vous n'êtes pas vous-même riche, puissant et autoritaire ? Ça ne marcherait pas, autrement !

UNE NOUVELLE RELIGION

Crackpot : Je suis fier d'être à la fois le président et le Dieu de cette nouvelle religion, fondée par mon père, ex-vendeur de voitures d'occasion, la première religion qui offre gracieusement des présents. Chacun des parrains reçoit en effet gratuitement, pour chaque nouvel enrôlement, un magnifique service à thé. Il y a aussi possibilité de gagner un mobilier de salon, une superbe caravane ou un week-end pour deux personnes, avec Peter Bonetti. À partir de huit recrues, vous pouvez même gagner un évêché, dans la mer de votre choix. Vous voyez, nous avons une approche moderne de la religion. En plus, certaines religions, mieux vaut ne pas citer de noms, s'attachent une clientèle de miséreux – la plus nombreuse, il faut bien le reconnaître – des gens sans le sou, des manants, des vilains – chez nous, il n'y a pas de cette racaille. Les gens riches et les veuves aisées de plus de soixante ans peuvent nous rejoindre gratuitement. Les classes dirigeantes sont les bienvenues. Les parvenus peuvent se joindre à nous, à partir de 50 000 dollars par an. Quant aux classes laborieuses, je préfère ne pas m'en occuper. Chez eux, voyez-vous, la charité est trop souvent à sens unique.

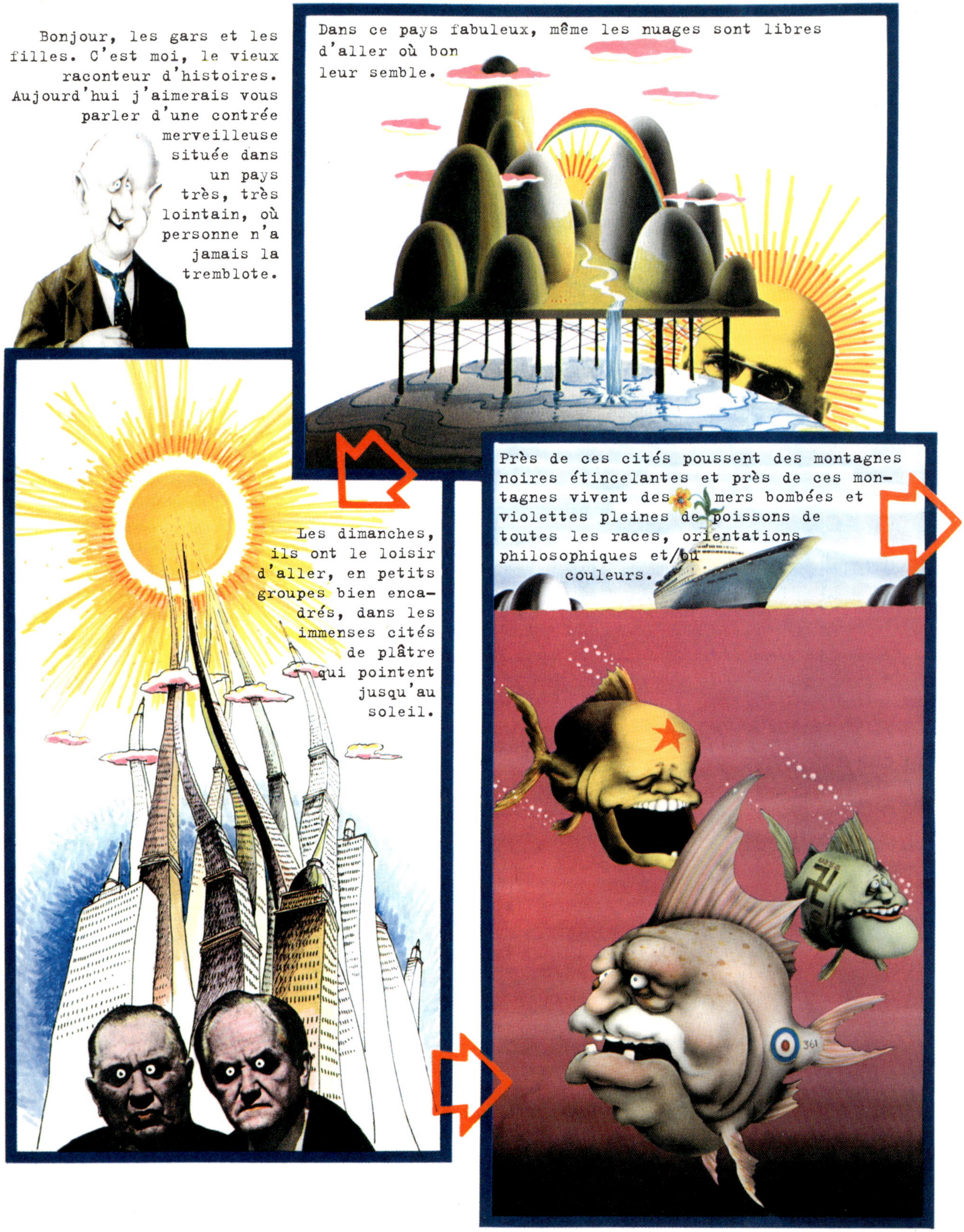
Bonjour, les gars et les filles. C'est moi, le vieux raconteur d'histoires. Aujourd'hui j'aimerais vous parler d'une contrée merveilleuse située dans un pays très, très lointain, où personne n'a jamais la tremblote.
Dans ce pays fabuleux, même les nuages sont libres d'aller où bon leur semble.
Les dimanches, ils ont le loisir d'aller, en petits groupes bien encadrés, dans les immenses cités de plâtre qui pointent jusqu'au soleil.
Près de ces cités poussent des montagnes noires étincelantes et près de ces montagnes vivent des mers bombées et violettes pleines de poissons de toutes les races, orientations philosophiques et/ou couleurs.

En altitude, au-dessus des eaux, vivent d'étranges oiseaux dont les pattes ne touchent presque jamais le sol.

Sur leurs ailes vivent des petits trucs ronds et bruns qui ont stupéfait et abasourdi les têtes couronnées d'Europe pendant plus de 300 ans.

Les oiseaux ne sont pas les seules choses qui ne touchent jamais le sol dans ce pays étrange. La couche supérieure du sol est malheureusement très mince, trop légère en fait pour rester en contact avec la terre, et elle flotte donc à 1 mètre au-dessus de celle-ci..

Ceci ne serait pas trop grave si cela n'obligeait les habitants de ce pays à tout faire à quatre pattes, y compris lorsqu'ils se montent dessus.

En conséquence, la plupart des gens choisissent de vivre dans les immenses cités de plâtre où la couche supérieure du sol est prohibée – sauf un peu les jeudis et un autre jour pour lequel ils n'ont pas de nom. Comme je vous le disais, j'aimerais bien vous parler de ce pays étonnant mais les saligauds qui ont composé ce livre ne m'ont accordé que deux pages et ont insisté pour que j'arrête là et que je les laisse démarrer les trucs soi-disant rigolos qu'ils ont préparés. Si j'étais encore jeune et en bonne santé, ils n'oseraient sûrement pas me traiter de cette façon. J'aurais fait mon livre. Tout ça parce que je sens un peu bizarre et que je ne vais pas aux toilettes assez vite. Les cons.

Association de Malfaiteurs

Une chambre minable. Autour d'une table sur laquelle est déroulée une carte, cinq malfrats préparent leur prochain forfait.

Le chef : Bon... Alors, voilà le plan. À 10 h 45, toi, Reg, tu passes nous prendre Ken et moi, avec la camionnette et tu nous emmènes dans High Street, près de la Joaillerie Centrale du Royaume-Uni. Nous arriverons en face de la Joaillerie Centrale à 10 h 50. À ce moment-là, je sortirai de la voiture et toi, Reg, tu la prendras et tu iras la garer ici, dans Denver Street, compris ? À 10 h 51, j'entrerai dans la Joaillerie Centrale où toi, Vic, déguisé en client, tu me retrouveras et tu me donneras la somme de 52 F. À 10 h 52, je m'approcherai du comptoir et je ferai l'achat d'une montre d'une valeur de 52 F. À ce moment-là, je donnerai la montre à toi, Vic. Tu fileras aussitôt au garage de Norman dans East Street. Vous autres, vous restez ici jusqu'à 10 h 56 et on se retrouvera tous dans l'arrière-salle du Café de la Vache et de la Faucille à 11 h 15. C'est bien compris, pas de questions ?
Larry : J'ai l'impression qu'on ne fait rien d'illégal.
Le chef : Qu'est-ce que tu veux dire?
Larry : Ben... on la paie, la montre.
Le chef : Oui...
Larry : Ben... Pourquoi est-ce qu'on la paie, la montre ?
Le chef : Tu crois qu'ils nous la donneraient si on la payait pas ? Réfléchis.
Larry : Écoute... J'en ai marre de cette équipe.
Le chef : Qu'est-ce qui t'arrive ?
Larry : On n'est jamais foutus d'enfreindre la loi.
Le chef : Qu'est-ce que tu veux dire ?
Larry : Ben, souviens-toi du coup de la banque, la semaine dernière.
Le chef : Il y a quelque chose qui ne t'a pas plu ?
Larry : Aller dans la banque avec un masque et demander un retrait de 150 F sur mon compte, voilà ce qui ne m'a pas plu.
Le chef : Accouche ! Qu'est-ce que tu cherches à nous dire, Larry ?
Larry : On ne pourrait pas la voler, cette montre ?
Le chef : Espèce d'andouille ! Ça fait des semaines qu'on organise ce coup. Reg a loué une chambre en face de la joaillerie et filmé les allées et venues des gens tous les jours. Vic a potassé pendant trois semaines des catalogues de montres avant de savoir les prix par cœur. Je ne vais sûrement pas risquer de ruiner tous ces efforts juste pour le plaisir de violer la loi !
Larry : Pff... On pourrait peut-être se garer sur un emplacement interdit ?
Le chef : Non !
Larry : On pourrait peut-être apprendre à un chien à polluer la r...
Le chef : Non !
Reg : *(devenu pâle)* Euh... patron...
Le chef : Toi aussi, tu as quelque chose à dire ?
Reg : Je viens de me rappeler... J'ai laissé la voiture sur un emplacement payant et... j'ai oublié...
Le chef : ... d'aller remettre une pièce ?
Reg : Oui, patron.
Le chef : De combien as-tu dépassé l'horaire ?
Reg : J'sais pas, patron... peut-être deux... peut-être cinq minutes...
Le chef : Cinq minutes! Imbécile ! Imbécile ! Bon. Pas de temps à perdre. Ken, rase-toi la tête et retrouve-moi à Rio de Janeiro à l'adresse que voici, mardi soir. Vic, rends-toi en Afrique de l'Est, fais-toi refaire le visage par un chirurgien, et retrouve-moi à cette adresse. Reg, prends un vol pour le Canada et descends le continent jusqu'au Nicaragua, où tu me retrouveras en juillet. Larry, tu restes ici pour assurer nos arrières. Donne-nous quinze minutes avant de faire sauter l'immeuble. Allez, ne traînez pas.
Larry : Je ne peux pas faire sauter l'immeuble.
Le chef : Pourquoi pas ?
Larry : C'est illégal.
Le chef : C'est foutu. Je crois qu'on ferait mieux de se rendre.
Reg : On ne peut pas, patron.
Le chef : Pourquoi pas ?
Reg : On n'a rien fait d'illégal.

TEMOIN A CHARGE

L'avocat : J'appelle à la barre Arthur Aldridge...
Le juge : Comment cela... feu Arthur Aldridge?
L'avocat : Oui, feu Arthur Aldridge. Le voilà.

(Entre un cerceuil, porté par quatre hommes qui le déposent devant la barre.)

Le juge : Maître Bartlett, pensez-vous vraiment qu'il y ait quelque intérêt à questionner le défunt?
L'avocat : Je vous demande pardon votre Honneur ?
Le juge : Je veux dire... enfin... votre témoin est mort.
L'avocat : Oui, votre Honneur... enfin, sur le papier...
Le juge : Comment cela, il n'est pas complètement mort ?
L'avocat : Non, il n'est pas tout à fait mort. Mais c'est vrai qu'il ne se sent pas très bien.
Le juge : Mais, s'il n'est pas mort, qu'est-ce qu'il fait enfermé dans un cerceuil ?
L'avocat : Pure précaution, votre Honneur.

J'interromps cette émission de radio, pour vous dire que la police vient d'établir le signalement du principal suspect du triple meurtre dont nous avons parlé aux infos. L'homme a entre vingt-cinq et cinquante-cinq ans, il porte un costume sombre, une chemise blanche et une cravate. Merci aux auditeurs qui ont pu voir cet homme ou seulement cru le voir, de contacter le poste de police le plus proche de chez eux.

L'inspecteur Ilyaunhommederrièrevous : Ne bougez plus, je suis l'inspecteur Ilyaunhommederrièrevous...
Le voleur : Ilyaunhommederrièrevous ?
L'inspecteur Ilyaunhommederrièrevous : Ah, vous croyez que vous allez m'avoir avec ce vieux truc ?

SUITES JUDICIAIRES

La scène se passe dans un tabac. Un Hongrois entre avec un guide usuel de langue étrangère.

Le Hongrois : Je ne veux pas de ce disque, il est rayé.

Le marchand de tabac : Pardon?

Le Hongrois : Je ne veux pas de ce disque, il est rayé.

Le marchand de tabac : Attendez... vous êtes dans un bureau de tabac...

Le Hongrois : Je ne veux pas de ce marchand de tabac, il est rayé.

Le marchand de tabac : Non, euh... tabac ici... cigarettes, vous comprenez ?

Le Hongrois : Oui, cigarettes. Je vois. Mon aéroglisseur est plein d'anguilles.

Le marchand de tabac : Des allumettes peut-être... vous voulez des allumettes...

Le Hongrois : Oui, merci. Euh... tu viens... tu viens boire un dernier verre mon lapin ?

Le marchand de tabac : Je pense que vous ne savez pas vous servir de ce guide...

Le Hongrois : Tu sais que tu es une belle pédale ?

Le marchand de tabac : Bon, ça fait vingt-cinq francs pour les cigarettes et les allumettes.

Le Hongrois : Si je te dis que tu as un corps superbe, tu viendras le frotter contre le mien ? Je ne suis plus infecté, tu sais...

Le marchand de tabac : Ça fait vingt-cinq francs, vous comprenez, vingt-cinq francs !

Un policier de passage : Qu'est-ce qui se passe ici ?

Le Hongrois *(toujours plongé dans son guide de langue)* : Tu as de belles cuisses, tu sais.

Le marchand de tabac : Voyez vous-même...

Le Hongrois : Enlève ton soutien-gorge, je ne peux pas attendre plus longtemps...

Le policier : Je vois...

Le Hongrois : Mes tétons se dressent délicieusement...

La suite, dans un tribunal :

Le magistrat : Alexandre Yahalt, vous êtes ici pour avoir délibérément publié, en dépit des lois et de la moralité, un guide de langue usuelle français-hongrois dans l'intention de troubler l'ordre public. Je prends un exemple : la phrase hongroise signifiant « Pouvez-vous m'indiquer le chemin de la gare? » devient une fois traduite « s'il te plaît, peux-tu me caresser les fesses ? ». Que plaidez-vous pour votre défense, Alexandre Yahalt ?

Alexandre Yahalt : Je plaide l'incompétence.

Il y a eu un nouveau massacre d'Indiens sur la scène d'un théâtre londonien. La police désire fortement s'entretenir avec les gens qui auraient pu être témoins du crime, à défaut, avec des femmes à gros seins, ou bien, faute de mieux, avec quelqu'un qui aime les policiers.

Le Detrousseur

Le voleur : Ne bougez plus, je suis un pilleur de banque. Pas de panique, contentez-vous de me passer l'argent.

Le marchand : Excusez-moi, mais c'est un magasin de lingerie féminine, ici...

Le voleur : Ah... bien, bien, bien... euh... s'adapter, improviser... bien, qu'est-ce que vous avez ici ?

Le marchand : Nous avons des corsets, des porte-jarretelles, des bas, des soutiens-gorge, des jupons, des slips, des caracos, monsieur.

Le voleur : Bien, bien, bien... pas de sac d'argent, dans des coffres ?

Le marchand : Non, monsieur.

Le voleur : Pas de dépôt en liquide ?

Le marchand : Non, monsieur.

Le voleur : Pas de piles de pièces et de billets aisément transportables dans un sac standard ?

Le marchand : Pas du tout, monsieur...

Le voleur : Euh... pas de Tickets Restaurant ?

Le marchand : Non plus, monsieur.

Le voleur : Bien, bien... bon.... s'adapter, improviser... euh... alors donnez-moi un slip, s'il vous plaît.

Aujourd'hui, les escroqueries célèbres : souvenez-vous de M. Hubert Robin, le sémillant restaurateur mexicain, qui prétendait être capable de réciter de mémoire l'intégralité de la Bible, en une seconde, pendant que quelqu'un lui plantait une hache dans la tête. Ah... Ah... C'était encore un de ces menteurs m'as-tu-vu, son exploit, rien de plus qu'une escroquerie... il n'a même pas été capable de réciter la Bible en entier, il n'a pu prononcer que les deux premiers mots : « il était... », avant de mourir.

Le client : Bonjour, on m'a indiqué votre librairie...

Le libraire : Qui vous l'a indiquée ?

Le client : La petite dame âgée qui tient le magasin de douceurs, au coin de la rue.

Le libraire : Ah, celle qui a une longue cicatrice sur le visage, un bandeau sur l'œil et un crochet à la place de la main ?

Le client : Euh... non.

Le libraire : Ah, bien sûr que non, vous avez raison, je pensais à quelqu'un d'autre !

Le Coiffeur Homicide

Le client : Bonjour !
Le coiffeur : Bonjour monsieur !
Le client : C'est pour une coupe.
Le coiffeur : Classique ?
Le client : Oui, court sur le dessus et sur les côtés.
Le coiffeur : Vous ne voulez pas de coupe au... rasoir... Ah, rasoir, rasoir, couper, sang, gicler, artère, meurtre, rasoir... euh... euh, excusez-moi, juste une coupe aux ciseaux, donc.
Le client : C'est cela, oui.
Le coiffeur : Vous ne préférez pas juste un bon coup de peigne, par hasard ?
Le client : Pardon ?
Le coiffeur : Vous renoncez à cette coupe et on oublie tout ça, d'accord ?
Le client : Ah, mais c'est hors de question, je veux une coupe !
Le coiffeur : Euh... aaah... coupe, couper, sang, gicler, artère, meurtre, Hitchcock, *Psychose*, aAAhhh... Euh... Excusez-moi. Bien. Bon, voilà, j'y vais. Prenez donc un journal.
(Quelque temps après :)
Le coiffeur : Voilà, c'est fini !
Le client : Quoi?
Le coiffeur : J'ai fini de coup, coup, couper... couper vos cheveux.
Le client : Mais vous plaisantez, vous n'avez même pas commencé !
Le coiffeur : Si, je l'ai fait, très vite, je l'ai fait très vite, d'un coup, votre honneur... euh... monsieur.
Le client : Écoutez, je sais quand même quand mes cheveux sont coupés ou quand ils ne le sont pas, alors s'il vous plaît, je vous demande à nouveau de me couper les cheveux...
Le coiffeur : D'accord, d'accord c'est bon, j'avoue, je n'ai pas coupé vos cheveux... Mais je n'ai jamais voulu être coiffeur moi, je ne veux plus l'être, je veux être bûcheron, bondir de tronc en tronc sur les arbres qui descendent la rivière, ah, l'odeur de la sciure fraîche, la chute des arbres géants, ma fiancée à mes côtés, la vie en plein air, sortir dehors avec un bon fusil, massacrer quelques créatures de Dieu, attaquées dans la lande, leur décoller la tête....

Masturbation

Un sujet difficile

Certains ont du mal à en parler. D'autres ont du mal à la pratiquer.

Pendant trop longtemps, cette activité difficile et peu connue est restée enveloppée de mystère. Nous allons vous offrir l'accès aux secrets de ce passe-temps vieux comme le monde. Saviez-vous par exemple que l'Histoire est pleine d'adeptes de la masturbation ? **Cluny**, **Michel-Ange**, **Toulouse-Lautrec**, **César**, **Rubens** et plein de gens pendant la Première Guerre mondiale, y compris le Kaiser.

Il est temps pour vous de ne plus en avoir honte. (Mais, d'un autre côté, ce n'est pas une raison pour en être fier).

Certains mythes populaires doivent être terrassés :

Cela ne vous rendra pas sourd
Cela ne fera pas chuter vos cheveux
Cela ne vous fera pas voter conservateur
Cela ne retardera pas votre croissance

De nombreux écrivains célèbres ont pratiqué cette coutume : **Livy**, **Épicure**, **César** (encore lui), **Platon**, **Keats**, **W.E. Henley** et de nombreux écrivains contemporains dont nous n'osons pas imprimer les noms.

Si vous souhaitez de plus amples renseignements sur ce sujet difficile, écrivez à : "Le Droit du Mât".

Jouez au

Jeu de la Fromagerie

Un nouveau jeu passionnant pour deux personnes, basé sur la vie du petit commerce.

Les règles sont simples :
I. Les deux joueurs doivent écrire les noms du plus grand nombre de Premiers ministres dont ils se souviennent.
2. Celui des deux qui en donne le moins se voit attribuer le rôle de "Victime", aussi appelé "Client".
3. L'autre devient le "Farceur", ou "Commerçant".
4. La Victime commence le jeu en demandant au Commerçant de lui vendre un type de fromage.
5. Le Commerçant, qui n'a aucun fromage dans son magasin, doit alors donner une excuse expliquant pourquoi il n'a pas cette variété particulière de fromage.
S'il se contente de répondre qu'il n'en a pas, il perd. Il doit donner une raison (voir plus loin quelques exemples).
6. Puis la Victime demande une autre variété de fromage.
7. Le Commerçant donne une autre excuse.
8. Le jeu continue jusqu'à ce que :
(a) le Client ne trouve plus de nouveau nom de variété de fromage, dans ce cas **le Commerçant gagne** ;
(b) le Commerçant garde le Client dans son magasin trois minutes, dans ce cas **le Commerçant gagne** ;
(c) le Client agresse le Commerçant ou montre le moindre signe d'énervement, dans ce cas **le Commerçant gagne** ;
(d) le Commerçant marque un temps supérieur à trois secondes avant de présenter une raison *ou* présente deux fois la même, dans ce cas, **le Client gagne** ;
(e) le Commerçant avoue qu'il n'a aucun fromage en stock, dans ce cas, **le Client gagne** et est autorisé à frapper le Commerçant au visage.

Version longue du même jeu à l'intention des vrais commerçants :
Les règles sont les mêmes, mais le **Client** doit être retenu dans le magasin pendant au moins 40 minutes.
Quelques exemples d'excuses simples pour les débutants :
1. Nous avons très peu de demandes pour ce fromage dans le quartier.
2. On devait justement nous en livrer ce matin.
3. Nous n'en avons jamais le mercredi.
4. On en trouve rarement de nos jours, vous savez.
5. Nous en aurons demain.
7. Franchement, je ne vous le recommande pas.
8. Nous venons juste de vendre le dernier.
9. Laissez-moi vérifier... Désolé, je crois que le chat l'a eu.
10. Me permettez-vous de vous demander ce que vous comptez manger avec ?
11. Dois-je vous en commander ?
12. Y en a plus.
13. Il est un peu trop coulant, je ne peux pas vous le vendre dans cet état.
14. La fromagerie Taylor du bas de la rue en a probablement.
15. Celui-là, tout le monde nous en a demandé cette semaine.
16. J'en ai un qui y ressemble mais pas celui-là précisément.

Nous recommandons les variations suivantes aux lactophobes :
Poissonnerie
Librairie ou bibliothèque
Animalerie
Magasin de fruits et légumes

PLUS
QUE
10
PAGES
AVANT
LA
PAGE
71

LES AVENTURES DE WALTER LE KANGOUROU
WALTER EST PARTI EN BALADE.
BOUM BOUM HOP ZOU ZOU...
IL EST PARTI REJOINDRE SES AMIS ROGER LE LAPIN ET ISAMBARD L'IGUANE.
BOUP BOUP HOP LÀ !
ILS VONT PASSER LA JOURNÉE À BOIRE DE LA BIÈRE...
ET PEUT-ÊTRE UN PETIT POCKER.
MAIS LE CHEMIN DE WALTER EST BLOQUÉ PAR UNE TACHE D'ENCRE.
ZUT!
IL A BEAU ESSAYER, IL N'ARRIVE PAS À LA FRANCHIR.
TU SAIS, JE CROIS QUE WALTER NE VIENDRA PAS.
FIN

MR AVRIL

J'ai deux jambes
Depuis mes hanches jusqu'au sol
Et quand je les fais bouger
Elles marchent en tout sens

Et quand je les élève
Elles grimpent les escaliers
Et quand je les rase
Elles n'ont plus de poils.

MAR	MER	JEU	VEN	SAM	DIM	LUN	MAR	MER	JEU	VEN	SAM	DIM	LUN	MAR
1	2	3	4	5	6	7	8	9	10	11	12	13	14	15
MER	JEU	VEN	SAM	DIM	LUN	MAR	MER	JEU	VEN	SAM	DIM	LUN	MAR	MER
16	17	18	19	20	21	22	23	24	25	26	27	28	29	30

Chez le Marchand

Le client : Bonjour. Je voudrais acheter un chat, s'il vous plaît.

Le vendeur : Certainement monsieur, j'ai là un superbe yorkshire.

Le client : Non, c'est un chat que je veux.

Le vendeur : Ah, excusez-moi... Que dites-vous de celui-ci ?

Le client : C'est un yorkshire que vous me montrez là...

Le vendeur : C'est en gros la même chose...

Le client : Je ne vois pas ce que voulez dire. Moi, je veux un chat.

Le vendeur : Écoutez... Je lime un peu les jambes du yorkshire, je lui retire le museau, je lui arrache quelques dents... et vous aurez un mignon petit minou !

Le client : Mais ce ne sera pas un vrai chat...

Le vendeur : Quelle différence y aura-t-il ?

Le client : Mais je ne sais pas moi, il ne fera pas miaou, par exemple.

Le vendeur : Question d'entraînement...

Le client : Non, non, non, oublions. Avez-vous un perroquet, alors ?

Le vendeur : Hélas non, nous sommes à cours de perroquets en ce moment... Mais entre nous, je prends le yorkshire, je lui scie les pattes avant, je le rase, ça lui fera du bien, je lui colle une paire d'ailes et je lui agrafe le bec de votre choix... et le tour est joué, un superbe perroquet !

Le client : ... Ah... Et ça prendrait combien de temps ?

Le vendeur : Voyons voir... Une épilation, les dents... J'ai déjà un fox-terrier à faire en grenouille... euh... disons après-demain.

Le client : Ah, ça ne va pas, j'en ai besoin pour demain, c'est un cadeau...

Le vendeur : Ah, mais c'est que c'est du boulot de transformer un yorkshire en perroquet... Encore le transformer en poisson, ça va vite, ça je peux vous le faire pour ce soir même, si vous voulez, il suffit d'arracher les jambes, de coller les nageoires, de lui mettre un petit tuyau dans le nez pour respirer sous l'eau, un peu de peinture dorée... j'en ai pour une heure.

Le client : Oui, mais vous allez avoir besoin d'un aquarium...

Le vendeur : Oui, c'est vrai. Un aquarium. Ça va faire une putain de transformation, ça !

Le client : J'achète ! Je peux rester pour regarder ?

Devinette :

— Mon chien n'a pas de nez. Comment sent-il ?

— Mauvais.

Moutons Volants

Accoudé à la barrière d'un champ, un paysan observe avec attention un pâturage. Il est abordé par un citadin .

Le citadin : Bonjour.

Le paysan : B'jour.

Le citadin : Belle journée, ne trouvez-vous pas ?

Le paysan : Ah, ça oui.

Le citadin : Êtes-vous en vacances ou bien... ?

Le paysan : Non, non, je vis ici.

Le citadin : Ah, très bien.

Le citadin lève les yeux vers ce que le paysan observe et semble frappé de stupeur.

Le citadin : Excusez-moi mais... ce sont bien des moutons, n'est-ce pas?

Le paysan : Ah, ça oui.

Le citadin : C'est ce que je pensais aussi, mais... enfin... pourquoi sont-ils dans les arbres ?

Le paysan : Ça, c'est une bien bonne question et ça fait quelques semaines que j'y réfléchis. Au bout du compte, j'crois ben qu'y nichent.

Le citadin : Qu'ils nichent ?

Le paysan : Voui.

Le citadin : Comme les oiseaux ?

Le paysan : Voui, exactement. Les oiseaux, voilà justement le nœud du problème. Je suis d'avis que ces moutons sont victimes de l'impression trompeuse qu'ils sont des oiseaux. Observez bien leur comportement. D'abord, remarquez leur tendance à sautiller sur leurs pattes arrière. Et puis regardez leurs tentatives pour voler d'arbre en arbre. Notez bien qu'y z'en dégringolent comme un kilo de plomb. Observez par exemple cette brebis, là-haut, dans le chêne. Il est clair qu'elle tente d'apprendre le vol à son agneau. C'est vraiment l'aveugle qui guide l'aveugle.

Le citadin : Mais, pourquoi croient-ils qu'ils sont des oiseaux ?

Le paysan : V'là une aut' bonne question. Une chose est sûre, le mouton n'est point une créature des airs. Il a d'énormes difficultés rien qu'à rester perché, comme vous pouvez voir. En matière de vol, sa morphologie est totalement inadaptée aux problèmes de l'aviation. L'ennui, c'est que le mouton est très bête. Et quand y-z-ont une idée dans la tête, pas moyen de les raisonner.

Le citadin : Mais où sont-ils allés chercher cette idée ?

Le paysan : Harold. C'est le mouton qui est là-bas, sous l'orme. C'est le plus dangereux de tous les animaux : un mouton intelligent. C'est lui, le meneur. Il a réalisé que la vie d'un mouton consiste à trotter pendant quelques mois, avant d'être mangé. Et c'est là une perspective bien déprimante pour un mouton ambitieux. Il est évident qu'il s'est donné pour but de s'échapper.

Le citadin : Mais... pourquoi n'éliminez-vous pas simplement cet Harold ?

Le paysan : À cause des énormes possibilités commerciales, s'il réussit.

Herbert le Corbeau vous invite au grand jeu du ...
CHANTAGE POSTAL
CHANTAG
Voici l'adresse où vous devez envoyer vos chèques
Chantage,
Denière les tayaux d'eau Chaude
Toilettes du sous-sol
Gare de Victoria Station
£40
Voici la maîtresse d'un banquier hautement connu de la ville d'Hounslow. 40 £, s'il vous plaît, pour nous révéler votre nom, Monsieur X, afin que votre femme Doreen et vos enfants Diane, Janice & Juliet n'apprennent jamais le nom de votre maîtresse à Hounslow.
£3000
Voici la première d'une série de photographies qui pourraient bien causer un divorce, une retraite prématurée et peut-être même la mise en excamen pour faits criminels d'un directeur d'entreprise de Bromsgrove. Un bon geste de 3000 Livres, s'il vous plaît Monsieur S, pour que nous ne dévolions pas :
a) à qui sont les épaules sur lesquelles vous êtes assis
b) ce que vous y faites
c) les noms des trois personnes impliquées
d) l'organisation de jeunesse dont ils sont membres
e) le nom du magasin où vous êtes procuré l'équipement
£100
Nous vous montrerons un peu plus de cette photographie demain, à moins que, d'ici là, nous ayons eu des nouvelles de Charles ou de Michael.

LE GRAND PRIX SPECIAL DE LA SOIREE

£5000

Qui est cette star ?
C'est un Chanteur célèbre
Il est spécialisé dans les chansons d'amour.
Il aime beaucoup les jeunes.

POUR £350

Reconnaissez-vous ce juge ?
a) Que faisait-il à Hambourg ?
b) avec qui ?
c) combien dans la malette ?

£1000

ou vous gagnerez un service militaire court mais gai. Regardez attentive-ment cette photo. A quel régiment appartiennent-ils ? Quel est l'officier en chef ?
1) l'est-il ? 2) l'a-t-il fait ? 3) le fait-il ? 4) Devrait-il ?

Voici le proviseur d'un lycée privé très coté. Monsieur P. de S., nous vous offrons une dernière chance de payer. Sans quoi le sympathique conseil d'administration de votre école recevra votre nom, vos costumes et le reste des négatifs.

£50

un présentateur avec une belle antenne.

Pouvez-vous le reconnaître ? Travaille-t-il sur ITN ou sur la BBC ? Reconnaissez-vous aussi le programmateur ?

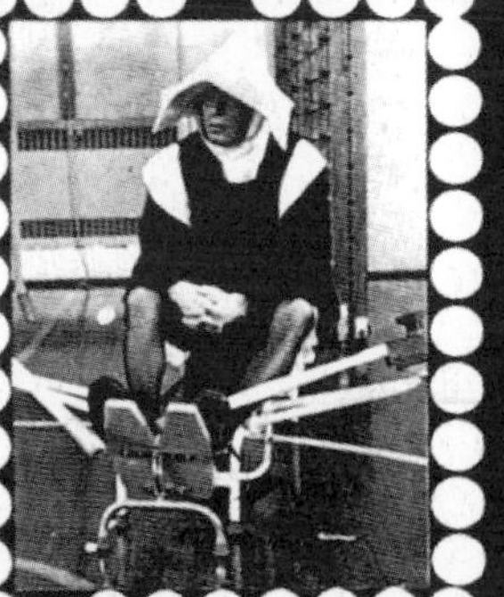

LES FRÈRES PIRANHA

Mardi dernier, un règne de terreur a pris fin avec la condamnation à 400 ans d'emprisonnement pour crimes et violences diverses des célèbres frères Piranha, Doug et Dinsdale, au terme d'un des plus extraordinaires procès de l'histoire judiciaire britannique. Nous avons enquêté sur le parcours des frères Piranha, sur les méthodes qu'ils ont employées pour soumettre les gangs rivaux du leur, sur la traque ayant permis leur capture par le brillant commissaire de la division Q, Harry Organs, surnommé « le Concasseur ».

Doug et Dinsdale Piranha sont nés en liberté conditionnelle, dans une petite maison de la rue Kipling à Southwark. Tous deux étaient les frères aînés d'une famille de seize enfants.

Arthur Piranha, père de Doug et Dinsdale

Leur père, Arthur Piranha, ferrailleur et animateur de jeux télévisés, était bien connu des services de police et fervent catholique. En janvier 1928, il avait épousé Kitty Malone, valeur montante de la boxe dans le quartier de East End. Doug naquit en février 1929 et Dinsdale deux semaines après et encore une semaine plus tard. Mme April Simnel, leur voisine de palier, se souvient bien d'eux :

« Oh oui, la rue Kipling était une rue typique de East End, tout le monde était tout le temps fourré chez les voisins à se voler les uns les autres. Rien que des bons vivants, joyeux et violents. Doug adorait boxer mais quand il a appris à marcher il s'est mis à mettre des coups de botte dans les parties. Il s'intéressait beaucoup à ça. C'étaient des histoires pas possibles quand sa mère voulait qu'il rentre à la maison pour le thé. Il était tout le temps dehors à envoyer sa botte entre les jambes, le petit chéri. Tous les enfants étaient comme ça en ce temps-là, on ne leur avait pas encore enfoncé dans la tête tout ce foutu dualisme cartésien. »

À l'âge de quinze ans, Doug et Dinsdale s'inscrivirent à l'école primaire Ernest Pythagore de Clerkenwell. Lorsque les frères Piranha quittèrent l'école, ils furent appelés sous les drapeaux mais les services de l'armée décrétèrent qu'ils étaient trop instables mentalement, même pour le service militaire. Se voyant privés de la possibilité de mettre leurs talents au service de leur pays, ils commencèrent à mettre sur pied ce qu'ils baptisèrent « l'Opération ». Il s'agissait de choisir une victime et de la menacer de la torturer si elle leur payait une « protection ».

Quatre mois plus tard, ils tentèrent une autre opération qu'ils baptisèrent « l'Autre Opération ». Dans cette tentative de racket, ils choisirent une autre victime et la menacèrent de ne pas la torturer si elle ne les payait pas. Un mois plus tard, ils lancèrent « l'Autre Autre Opération ». Là, ils dirent à la victime que si elle ne les payait pas, ils la tortureraient. C'est à ce moment précis que la carrière des frères Piranha pris son envol.

Doug et Dinsdale Piranha formèrent alors un gang qu'ils appelèrent « le Gang » et utilisèrent la terreur pour prendre le contrôle de boîtes de nuit, de salles de billard, de casinos et de champs de courses. Ils connurent leur seul échec en tentant de mettre la main sur l'Association des Manchots de Marylebone. Pendant que leur empire

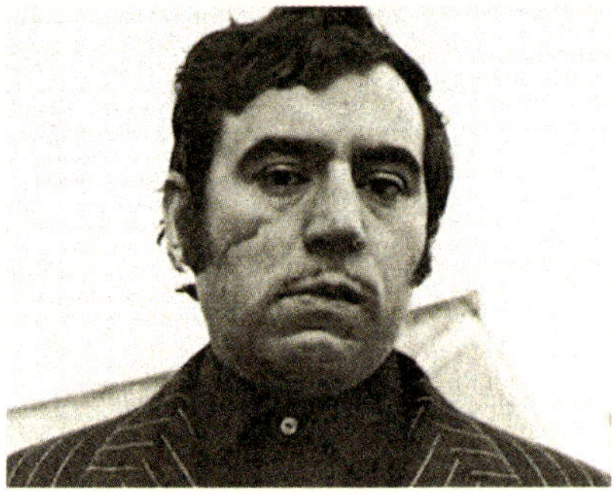

Vince Snetterton Lewis

prenait de l'ampleur, la division Q se tenait informée de leurs moindres mouvements grâce aux tuyaux fournis par les suppléments couleur des journaux.

Ecoutons Vince Snetterton Lewis, un petit truand qui se heurta aux Piranha.

« Un jour que j'étais tranquille à la maison, en train de racketter mes gosses, j'ai regardé par un trou du mur et j'ai vu un char

Le commissaire Harry Organs, dit « le Concasseur » de la division Q.

qui se ramenait. Il en est sorti un des gars de Dinsdale qui est venu en souriant, très gentil, et qui m'a dit que Dinsdale voulait me parler, alors il m'a enchaîné à l'arrière du char et il m'a emmené en balade jusque chez Dinsdale qui était là en train de discuter avec Doug, Charles Paisley, l'écraseur de bébés, deux ou trois producteurs de films et un type qu'ils appelaient "Kierkegaard" et qui passait son temps assis à croquer des têtes de chien. Dinsdale m'a dit : "On m'a dit que tu as été un vilain garçon, Clément" et il m'a explosé les narines, m'a scié une jambe, alors je lui ai dit que je ne m'appellais pas Clément, là il a perdu son calme et avec un clou il a fixé ma tête au sol. »

Stig O'Tracy

Un autre homme dont la tête fut clouée au sol était Stig O'Tracy :
Notre reporter : On m'a dit que Dinsdale vous avait cloué la tête au sol.
Stig O'Tracy : Non ! Jamais de la vie ! C'était un type du tonnerre. Le genre à acheter des fleurs à sa mère. C'était un frère pour moi.
Interviewer : Mais la police détient un film montrant Dinsdale en train de vous clouer la tête au sol.
Stig O'Tracy : Oh... oui... il l'a fait.
Interviewer : Pourquoi ?
Stig O'Tracy : Faut dire qu'il était obligé de le faire. Je veux dire qu'il n'avait pas d'autre choix, honnêtement. J'avais transgressé une loi non écrite.
Interviewer : Qu'aviez-vous fait ?
Stig O'Tracy : Euh... ça, il ne me l'a jamais dit, mais il m'a donné sa parole que je l'avais fait et la parole de ce bon vieux Dinsy me suffit. Il faut savoir qu'il *ne voulait pas* me clouer la tête au sol. Il a fallu que j'insiste. Lui il voulait me laisser impuni. Dinsdale, il aurait fait n'importe quoi pour vous.
Interviewer : Vous ne lui gardez aucune rancune ?
Stig O'Tracy : De la rancune ? Pour ce vieux Dinsy ? C'était un véritable amour !
Interviewer : J'ai aussi cru comprendre qu'il avait également cloué la tête de votre femme à un guéridon. Est-ce vrai, madame O'Tracy ?
Mme O'Tracy : Oh non, non, non.
Stig O'Tracy : Oui, bon, faut reconnaître, c'est vrai. Il était cruel mais juste.

Vince Snetterton-Lewis est en plein accord avec ce dernier avis.

« Oui, il était profondément juste. Après la fois où il m'a cloué la tête au sol, j'allais tous les dimanches chez lui pour m'excuser, alors on se serrait la main et il me clouait la tête au sol. Mais il était raisonnable. Une fois, un dimanche, je lui ai dit que mes parents devaient venir prendre le thé chez moi et je lui ai demandé si ça l'ennuyait beaucoup de ne pas me clouer la tête cette semaine, alors il a dit qu'il était d'accord et il a vissé mon bassin à un présentoir à gâteaux. »

À l'évidence, Dinsdale inspirait une véritable frayeur parmi ses associés. Mais qui était-il vraiment ?
Gloria Pules, qui le connaissait intimement, nous répond :

Gloria Pules

« Je suis sorti avec Dinsdale en de nombreuses occasions et il s'est révélé être un cavalier charmant et cultivé. Il était enclin à me présenter à des célébrités distinguées, des chanteurs américains, des membres de l'aristocratie et autres chefs de gang qu'il avait rencontrés au cours de ses activités de charité. Il s'intéressait beaucoup aux clubs d'ados, aux foyers de marins, aux associations de choristes, aux gardes de la Reine.
Si vous pensez qu'il était un peu spécial, je vous affirme le contraire. Pas le moins du monde. Hormis le fait qu'il était persuadé d'être épié par un hérisson géant qu'il appelait Norman l'Épineux. En temps ordinaires, Norman l'Épineux était supposé mesurer près de quatre mètres du museau à la queue, mais lorsque Dinsdale était très déprimé, Norman pouvait atteindre jusqu'à huit cents mètres de longueur. Lorsque Norman était dans les parages, Dinsdale était muet et tremblant, son nez gonflait et ses dents remuaient, puis il devenait très violent et s'exclamait qu'il avait couché avec Churchill. »

Norman Bricks a eu la tête clouée à un poids de 16 tonnes par les frères Piranha parce qu'il avait oublié leur anniversaire.

Interviewer : Est-ce que, par exemple, l'habitude qu'il avait de suturer ensemble les jambes de certaines personnes vous choquait ?
Mlle Pules : Si vous voulez mon avis, ça vaut mieux que de refouler. C'était un gentleman, Dinsdale, et, qui plus est, il savait comment se conduire avec un travesti.

Nous avons prié M. Kargoll, le célèbre criminologue, de nous donner son avis sur cet étonnant personnage :

« Nous avons tous la tentation de juger sévèrement Dinsdale Piranha. Mais soyons indulgents. Après tout, il n'a fait que ce que nous rêvons tous de faire… Excusez-moi. Après tout, nous devons nous souvenir qu'un meurtrier n'est rien d'autre qu'un suicidaire extraverti. Dinsdale était un cinglé mais un cinglé heureux… Enfoiré de veinard. »

Luigi Vercotti

Beaucoup des anecdotes que nous avons narrées concernent Dinsdale. Mais qu'en est-il de Doug, son frère? Luigi Vercotti est un de ceux qui ont eu l'occasion de le rencontrer :

« À l'époque, j'avais déjà monté une agence d'hôtesses et d'escort-girls qui marchait bien — des filles haut de gamme, vraiment, pas de second choix, c'était exclu. Je venais d'ouvrir un night-club chic pour la jet-set, avec de la cuisine internationale, des attractions de qualité, pas une boîte à putes, ce n'était pas le but, je démens catégoriquement. Un soir, Dinsdale entre avec deux grands types dont l'un portait un missile nucléaire tactique. Ils ont dit que j'avais acheté une de leurs machines à sous et que je devais payer.

"L'Autre Autre Autre opération".

Une pierre tombale

Ils voulaient près de dix millions de francs. J'ai réfléchi et j'ai décidé de ne pas aller à la police parce que j'avais remarqué que le type qui avait le truc thermonucléaire était l'inspecteur en chef du secteur. Et puis une semaine plus tard ils m'ont rappelé pour me dire que le chèque que je leur avais donné était en bois et ils ont dit… qu'il fallait… que je voie… Doug. Il me terrifiait. Tout le monde était terrifié par Doug. J'ai vu des durs se couper la tête pour ne pas avoir à le rencontrer. Même Dinsdale avait peur de Doug. Il utilisait… le sarcasme. Il connaissait toutes les ficelles rhétoriques : l'ironie dramatique, la métaphore, la dérision, les calembours, la parodie, les litotes et… la satire. Il était vicieux. »

Ainsi, en février 1966, par une combinaison de violence et de sarcasme, les frères Piranha parvinrent à contrôler Londres et le sud-est de l'Angleterre. Pourtant, c'est en février de cette année que Dinsdale commit une erreur.

À cette époque, Dinsdale était de plus en plus inquiet à propos de Norman l'Épineux. Il en était arrivé à la conclusion que Norman dormait dans un hangar pour avions de l'aéroport de Luton. Et donc, le 22 février 1966, Dinsdale fit sauter la ville de Luton.

Là, la police en vint à se formaliser de ces agissements. Les Piranha comprirent qu'ils étaient allés trop loin, l'hallali avait sonné. Ils tentèrent de se cacher mais il était trop tard. Le commissaire Harry Organs, dit « le Concasseur », était sur leur piste :

« J'avais opté pour une traque subtile, en m'aidant de déguisements, parce que le casque et les bottes de l'uniforme trahissent un peu. Par chance, mes années d'études au Conservatoire de Bristol me furent d'un grand secours et j'ai pu créer une déconcertante variété de rôles. Je les ai filés jusqu'à Cardiff costumé en pape. Là, j'ai appris qu'ils étaient retournés à Londres et j'ai endossé l'identité d'un charcutier. À mon arrivée à Londres, j'ai découvert qu'ils étaient repartis pour Cardiff et je les ai suivis sous l'identité de Gloucester, un rôle du Roi Lear. Sur la foi de mon intuition, j'ai passé plusieurs mois à Buenos Aires en jouant un aveugle, et j'ai passé le canal de Panama dans le rôle de Mickey Mouse. De retour à Cardiff, j'ai rejoué mon triomphal Sancho Pança, dans L'homme de la Manche, *que le quotidien* Bristol Evening Post *a qualifié de "performance éblouissante et d'une rare perception" tandis que* L'Officiel de la plomberie *se montrait moins qu'enthousiaste. En fait, il m'a éreinté. Je cite : "En ce qui concerne la prestation du commissaire Harry Organs 'le Concasseur' dans le rôle de Sancho Pança, le public a été atterré par la hauteur de ton de son accent gallois et choqué par ses improvisations salaces." Le* Western Daily News *a même publié ce commentaire : "Sancho Pança (M. Organs) a gâché la superbe chorégraphie d'une scène de viol par une entrée en scène intempestive au cours de laquelle il s'est écrié de façon répétée : 'Que signifie tout cela'. »*

En dépit de ces critiques, la fin des frères Piranha était inéluctablement programmée.

FIN

L'honorable juge Peter Justice, à la retraite.

PAGE 71

Après-midi au Musée

Deux femmes avec deux enfants en bas âge se rencontrent dans un musée.

Janet : Bonjour Marge !

Marge : Bonjour Janet, comment vas-tu ma chérie ?

Janet : Je suis contente de te voir ! Comment va ton petit Ralph ?

Marge : Oh, ne m'en parle pas ! Il est insupportable ce matin. Ralph, tiens-toi !

Janet : Moi, c'est pareil avec Kevin, il n'arrête pas !

Marge : Ah bon ?

Janet : Ah... il ne fait que des bêtises ! On ne peut pas le laisser cinq minutes tout seul. Tu sais ce qu'il vient de faire ? Il est allé dans la galerie florentine et il a maculé de Ketchup le visage de l'enfant Jésus sur le tableau de Raphaël... Kevin : remets ce chef-d'œuvre de l'art baroque où tu l'as trouvé s'il te plaît !

Marge : Je te comprends. Je reviens de l'autre aile, Ralph a pulvérisé toutes les pièces de l'exposition de sculptures danoises contemporaines !

Janet : Kevin est pareil. Il suffit de lui montrer une exposition de poteries de Dresde du début du XVIIIe siècle pour qu'il devienne fou furieux ! Tout à l'heure, on regardait tranquillement les œuvres de l'école maniériste flamande de la Renaissance, ce petit diable a sorti sa bombe de peinture noire et a aspergé la *Femme à sa Fenêtre* de Vermeer.

Marge : C'est toujours moins grave que de cracher, mais quand même...

Janet : Ah pour ça, je suis tranquille, Kevin sait que si d'aventure il se permettait de cracher sur une œuvre d'art, jamais plus je ne l'emmènerais au musée !

Marge : Ah, tu as de la chance. Ralph lui, ne peut pas s'empêcher de cracher. Et tu sais, il peut atteindre un Van Gogh à plus de 10 mètres... Mais il sait que c'est mal. Hein Ralph, tu sais que c'est mal de cracher sur... Ralph, Ralph... arrête immédiatement de mâcher ce Turner, s'il te plaît ! Tu es un vilain petit garçon! Allez, recrache-le ! Oh non, regarde ce que tu as fait au *Guerrier Valeureux* de Turner, il est tout chiffonné maintenant. Qu'est-ce qu'on va en faire ?

Janet : Il n'y a plus rien à en faire ma chérie, il est bon pour la poubelle !

Marge : Tu crois ?

Janet : Je le sais. Kevin a mangé la plupart des peintres paysagistes du début du XIXe siècle. Quand tu peux en récupérer un, il n'y a plus qu'à le mettre à la poubelle. À ce propos, j'ai comme un petit creux moi, pas toi ?

Marge : Tu veux le bout de Turner ?

Janet : Oui, donne. Bof, ça n'a pas trop de goût. Je n'ai jamais vraiment aimé Turner.

Marge : Non, moi non plus. Je ne m'y connais pas en peinture, mais au moins, je sais ce que j'aime.

Lorsque Beethoven devint sourd, son perroquet se dirigea vers le mime.

Critique de film

Vous venez de voir Brian Distel et Brianette Zatapathique dans un extrait du nouveau film de Jean Kenneth Longueur. Dans cette scène improvisée, Brian et Brianette transcrivent symboliquement l'incommunicabilité dont souffre notre société. Dans ce merveilleux nouveau film de Longueur, le réalisateur semble dire à son public : « Allez-y ! Protestez ! Réagissez ! Agressez le patron du cinéma et exigez d'être remboursé ! »

Comment faire des films.

Propos de Fellini avec Madame Rodgers.

Mme Rodgers : Qu'est-ce que vous voulez ?

Fellini : Je suis le principal réalisateur italien, puis-je entrer ?

Mme Rodgers : Pour quoi faire ?

Fellini : Je souhaiterais que nous parlions de mon œuvre.

Mme Rodgers : Vous travaillez à la briqueterie ?

Fellini : Non! Non! Je suis réalisateur de film.

Mme Rodgers : C'est rien que des métèques à la briqueterie.

Kubrick : Permettez-moi, madame, de me porter garant pour mon ami. C'est un des plus formidables réalisateurs contemporain, vous avez très certainement entendu parler de Giulietta Degli Spiritti ?

Mme Rodgers : Allez vous-en.

Fellini : Nous voulons juste parler de réalisation.

Mme Rodgers : Eh bien moi je n'ai pas le temps de m'asseoir et de discuter, faut que j'prépare le thé pour mon mari.

Agnès Varda : Madame Rodgers, réalisez-vous l'importance de ce réalisateur ?

Mme Rodgers : De quoi vient-elle se mêler celle-là ?

Kubrick : Pensez-vous que l'œuvre de Fellini s'appuie trop sur le symbolisme et le rituel ?

Mme Rodgers : Dégagez, ou j'appelle la police.

Scorcese : Super !

La semaine prochaine : interview de Mme Lewis par Kurosawa au supermarché.

Numéro 3 Mars-Novembre

LE SECTAIRE

"Sans réponse"
Hitler

Regardons les choses en face : chacun de nous, au fond de lui-même, hait les étrangers. C'est une chose assez compréhensible, quand on vit dans un aussi beau et merveilleux pays que le nôtre, de haïr et détester tous ces lèche-culs morveux aux cheveux gominés d'Europe et d'ailleurs. Ce qui m'ennuie, c'est que parfois cette haine est si profondément enfouie en nous que beaucoup d'entre nous l'oublient et, au lieu de bastonner ces putains de Français et de crever les pneus des ritals, nous en arrivons à acheter des voitures françaises qui puent l'ail et à manger des saloperies de plats de métèques dans des arrières salles de pizzerias puantes. Non, je ne suis pas en train de dire que nous devrions descendre dans les rues et foutre le feu au premier restaurant chinetoque, rital, pakistanais, ou français du coin - je pense plutôt que c'est le rôle de l'armée - mais si nous voulons garder ce beau pays qui est le nôtre propre, sain et profondément religieux, nous devons nous souvenir que le Club des Jeunes Sectaires n'attend que votre coup de fil. Ils seront là en une minute pour piétiner des paquets de Gauloises et jeter hors de la laverie automatique ces saloperies de machines Grundig.
Souvenez-vous, la Tolérance est une grande vertu britannique - ne la gaspillons pas pour les youpins, les polacs, les métèques, les schleus et les bicots.

Col. Sir Harry McWhirter Président du Club des Sectaires Incorrigibles

---

Des nouvelles de nos sections :

ASCOT : une très fructueuse soirée a été donnée dans l'arrière-salle du Pub "Au Canard et au Premier Ministre Réunis". Une lettre d'insulte a été envoyée à M. Pompidou, et un coiffeur français a été brûlé vif.

La section de CHELTENHAM du C.J.A.V.C. (Club des Jeunes Adeptes de la Violence Conjugale) a organisé un raid réussi contre l'usine suisse Knorr. Ils ont causé des dommages pour une valeur de 4000 livres.

La salle des fêtes d'ESHER était remplie jeudi dernier, pour une conférence (enrichie par une démonstration) donnée par Mme Ursula Forbes-Hitler sur le thème "Comment botter le cul d'un métèque", et la section de Frinton a collecté plus de 6000 chiens morts au titre de l'aide humanitaire pour la Bulgarie. Du beau travail.

VACANCES

Au cas où vous seriez obligé d'aller sur le continent, voici quelques sites à visiter :

L'Ambassade Britannique, 35 rue du Faubourg Saint Honoré, PARIS 8°
L'Ambassade Britannique, Friedrich Ebert Alle 77, BONN
L'Ambassade Britannique, Via Conte Rosso 25, ROME
Le Consulat Britannique, Herengracht 460, AMSTERDAM
La Chambre Britannique du Commerce, Mesrytiyet Cadessi N°34, Tepbasi Beyoghi, ISTANBUL

QUELQUES TERMES INJURIEUX UTILES POUR TIRER LE PLUS MAUVAIS PARTI DES PAYS QUE VOUS VISITEZ

ITALIENS : Ritals, couilles gominées, métèques, bouffeurs de spaghetti, vendeurs de glaces
ARABES : Bougnoules, melons, anti-youpins, bicots
FRANCAIS : Bouffeurs de grenouilles, putain de Français (N.B. Il est facile pour un Britannique d'insulter un Français. A peu près n'importe quel mot peut remplir cet office.)
ALLEMANDS : Schleus, boches, bouffeurs de choucroute, casques à pointe (N.B. Les Allemands sont un peuple éffroyablement sensible, il est par conséquent extrêmement difficile de les insulter. Essayez de leur foutre le feu ou d'appeller leur Mercédes "Volkswagen".
GENS DE COULEUR : Le mieux est encore de ne pas du tout leur adresser la parole.

GUIDE DES GENS FRÉQUENTABLES

EXPLICATION DES SYMBOLES

★★★★★ Maison parfaitement bien tenue. Famille amusante, spirituelle, irréprochablement propre. Vaut le détour.

★★★★ Une bonne famille. Plusieurs fauteuils. Pas de chien. Vaut une visite si vous êtes à proximité.

★★★ Maison au-dessus de la moyenne. Famille aisée, travailleuse, possibilité d'y côtoyer des catholiques ou des non-conformistes.
La bouffe peut se révéler dégueulasse.

★★ Famille ordinaire mais pouvant avoir un chien méchant. Y passer en s'attardant le moins possible. Thé ou café de mauvaise qualité.

★ Famille ennuyeuse, mesquine, méchante, grossière et terne. Pas de rafraîchissements. Vous aurez de la chance d'en repartir vivant.

Petits-bourgeois.
Communistes.
Athées.
Supporters de l'équipe de football d'Arsenal.

Couple marié, époux présent.
Couple marié, époux absent.
Couple marié, époux travaillant la nuit.
Couple non marié, mais époux présent.

Pas d'alcool.
Artistes de merde.

Un ou deux membres de la famille ennuyeux.
Toute la famille ennuyeuse.
Grand-mère vivant sous le toit.
Grand-mère sourde vivant sous le toit.
Pas de grand-mère mais un chien vivant sous le toit.
Chien sourd vivant sous le toit.
Un fils policier.
Éviter la bouffe au curry.
Éviter le porto soi-disant hors d'âge.
Éviter les sujets politiques.
Garder les jambes croisées.
Éviter de parler de photographie.
Chien.
Chien méchant.
Chat.
Chat méchant.
Cochon d'Inde.
Perroquet.
Perroquet grossier.
Perroquet sourd.
Perroquet méchant et grossier, ayant tendance à faire équipe avec le chien.

Tortue.
Tortue méchante, mais dans la cuisine.

GRANDE-BRETAGNE

Ville : Swindon
19, Edworth road
Région : Wiltshire carte 24

M. & Mme Grayson — 9/20

Nos premières visites à ce couple entre deux âges n'avaient pas été satisfaisantes, mais depuis leur entrée dans ce guide l'année dernière, leur niveau s'est amélioré. Bien que M. Grayson reste assez ennuyeux, sa femme vaut largement une visite si vous êtes dans le quartier.

Ville : Swindon
21, Edworth road
Région : Wiltshire carte 24

M. & Mme Rogers, leur fille Brianette — 13/20

Une petite famile bien agréable. M. et Mme Rogers sont enjoués malgré des difficultés financières et toujours prêts pour une discussion. Brianette a 18 ans et est bien formée, la grand-mère est sourde. Évitez les places assises du fond du salon.

Ville : Worthing
88, Rockery street
Région : Sussex carte 18

M. & Mme Potter — 4/20

Un couple navrant, grossier et soupe au lait. Leur cuisine est peinte avec un jaune effrayant et M. Potter est marxiste tendance borné.

Ville : Bletchey
Pavillon 6B
Région : Bedfordshire carte 36

Doreen & Arthur Henbinson — 18/20

Enfin ce qui manquait à Bletchey depuis des années : un couple vraiment excitant. Arthur est un ancien hypnotiseur et Doreen est auxiliaire de l'armée de l'air. Ils ont introduit l'échangisme dans leur quartier il y a quatre ans et maintenant il est difficile d'avoir une place chez eux. Réservation impérative, surtout les week-ends.

À la mairie

La scène se passe au bureau des mariages :

L'homme : Excusez-moi monsieur, je voudrais me marier.
Le fonctionnaire : Désolé, je suis déjà marié, monsieur.
L'homme : Non, non, je veux dire... je vais me marier. Et je voudrais vous déclarer...
Le fonctionnaire : N'insistez pas, monsieur. Il faudrait d'abord que je divorce, et ça serait un déchirement.
L'homme : Non, non... vous n'avez pas besoin de divorcer... je...
Le fonctionnaire : Puis, il faut que vous sachiez que je préférerais lâcher mon appartement et m'installer chez vous. Mon loyer est tellement élevé...
L'homme : Non, vous ne comprenez pas, je suis ici, à la mairie, parce que je veux me marier...
Le fonctionnaire : Et moi qui rêvais d'un mariage à l'église...
L'homme : Cessez cela, voyons, je veux juste que mon mariage soit enregistré...
Le fonctionnaire : Mais attendez, ne soyez pas si impatient, moi aussi je veux me marier, mais ça ne se fait pas du jour au lendemain, vous savez...
L'homme : Mais, je ne veux pas me marier avec vous !
Le fonctionnaire : Comment cela ?
L'homme : Mais voyons, ce n'est pas avec vous que je vais me marier !
Le fonctionnaire : C'est cruel monsieur, de rompre une promesse ainsi...
L'homme : Écoutez, je veux juste accomplir les formalités pour un mariage...
Le fonctionnaire : Je veux bien me marier avec vous, mais arrêtez de jouer ainsi avec mes sentiments, monsieur...
L'homme : Je suis désolé. Mais...
Le fonctionnaire : Ça va, tu es pardonné ! Querelle d'amoureux ! Tu sais que tu peux t'estimer heureux, tu n'es pas la première personne à me demander en mariage aujourd'hui. J'ai déjà décliné les offres de plusieurs prétendants...

Entre un second homme :

Le second homme : Excusez-moi monsieur, je voudrais me marier.
Le fonctionnaire : Décidément, c'est mon jour de chance aujourd'hui... Désolé, je suis déjà avec monsieur...
Le second homme : Bien, j'attends mon tour.
Le fonctionnaire : Oh là ! J'espère que vous êtes patient, le divorce est une longue procédure, vous savez !

— Shirley, je me souviens qu'il y a quelques années, j'ai épousé une femme belle, jeune, joyeuse et heureuse de vivre. Peux-tu me dire ce qui est arrivé à cette femme-là ?
— Tu as divorcé d'elle, et tu m'as épousée.

Je vous prie d'excuser ma femme, elle n'est peut-être pas très belle ni riche, elle peut vous sembler dépourvue de talent, ennuyeuse et triste mais, d'un autre côté ,... euh... désolé, je ne trouve rien à ajouter.

Au restaurant

La scène se passe dans un restaurant. Un couple d'amoureux est installé. Un garçon arrive :

Le garçon : Merci de patienter quelques instants, le maître d'hôtel va venir s'occuper de vous. Je vous prie de m'excuser, mais je vais vous laisser seuls. Je dois aller me suicider.

L'homme : Oh...

Le garçon : Non, non, rien de grave, rassurez-vous.

Le maître d'hôtel : Bien, me voici. Madame, monsieur, il est de mon devoir de vous avertir que vous êtes ici dans un restaurant végétarien, et que nous ne servons aucune viande animale, quelle qu'elle soit. Donc, si vous êtes ici pour me demander d'éventrer un pauvre petit poulet sans défense, juste dans le but de mâchouiller sa peau et de manger ses intestins, j'ai peur de devoir vous demander de quitter cet établissement.

L'homme : Oh non, non...

Le maître d'hôtel : De la même façon, si vous nous demandez de découper et de dépecer une vache, puis de vous la servir accompagnée de petits morceaux de son foie, ou bien de vider un cochon de son sang, avant de l'amputer d'une jambe... ou bien, d'arracher les abats d'un mouton vivant, et de vous les mélanger avec la cervelle, les intestins, les boyaux, et la rate d'un petit lapin, je vous le dis tout de suite : JE NE LE FERAI PAS. Pas à des fins culinaires, en tout cas.

J'ai rencontré ma seconde femme à une soirée échangiste. Malheureusement, j'arrive toujours le dernier.

Recettes à base de rat

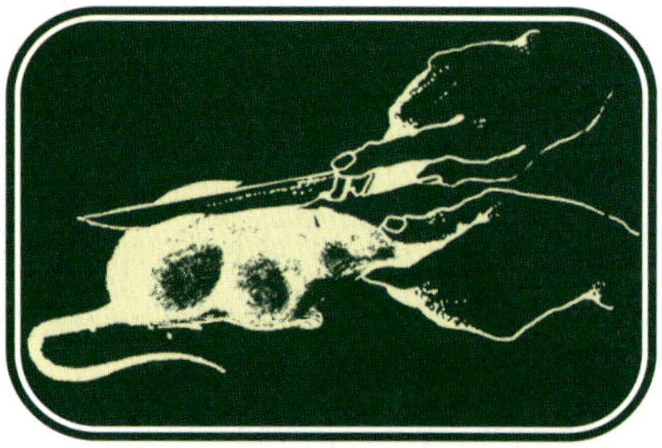

Tourte au rat :

Prenez quatre rats de taille moyenne et étendez-les sur une planche à découper. Assurez-vous d'abord que votre hachoir est bien aiguisé puis levez- le le plus haut possible au-dessus du premier rat. Assurez-vous que le cou du rat est bien dégagé, puis abattez votre hachoir de toutes vos forces sur le cou ou la tête du rat. Puis faites ensuite cuire l'animal dans une tourte.

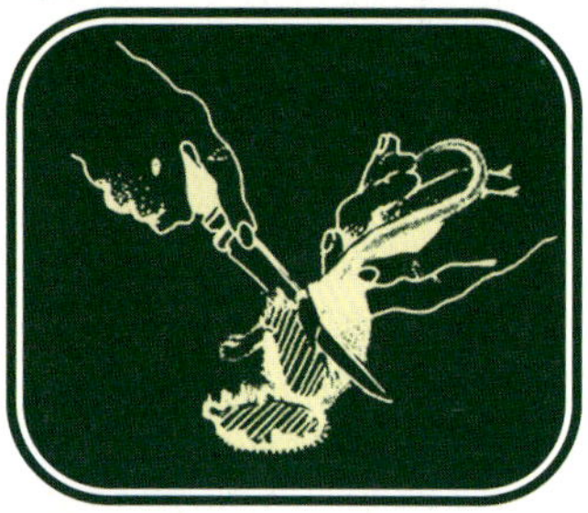

Rat soufflé :

Assurez-vous que les couinements du rat ne sont pas audibles de la rue, particulièrement si vous habitez un quartier où la Ligue contre les soufflés et autres donneurs de leçons sont sur le pied de guerre, prêts à bondir pour proscrire les innocents plaisirs de la table. Prenez le rat et disposez-le sur la planche à découper. Levez le hachoir bien au-dessus de votre tête, le tranchant doit briller aux rayons du soleil couchant, et frappez de haut en bas — tchac ! il faut entendre un craquement net — en visant bien le cou tendu du rongeur terrifié. Faites-en ensuite un soufflé.

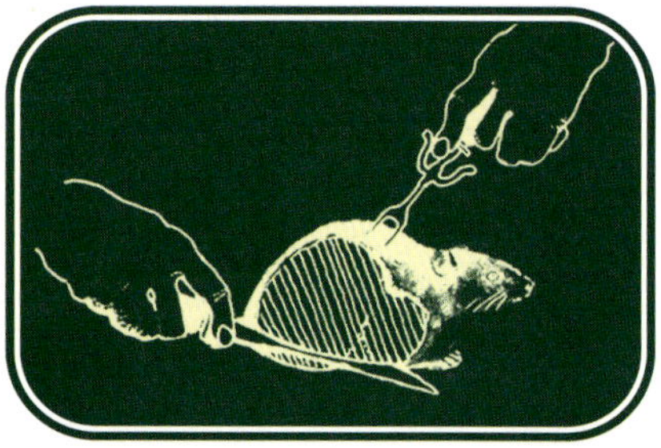

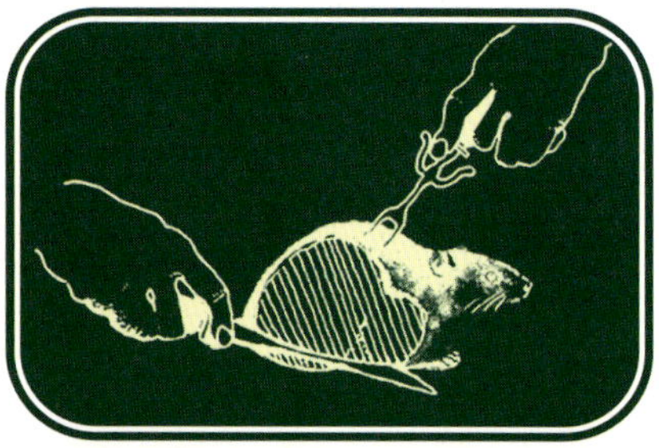

Morceaux de rat cachés sous une chaise :

Il s'agit ici moins d'une recette que d'un petit conseil dans l'éventualité où la Ligue contre les soufflés ou leurs hommes de main maniérés feraient irruption dans votre appartement. Votre femme (ou, à défaut, un ami) devra engager la conversation avec ces lèche-bottes pusillanimes de la Ligue, peut-être en l'orientant vers des sujets tels que le prix des céréales ou les terribles dommages infligés par les rongeurs de toutes sortes sur les biens mobiliers, ou encore sur les rats qui attaquent les bébés (ça les met toujours en colère). Cela vous permettra ensuite de cacher les morceaux de rat. Assurez-vous que vous n'avez pas laissé en évidence quelque part votre exemplaire de *La Cuisine du rat* sans quoi votre effort de camouflage aura été vain, et la meute hurlante des saboteurs des plaisirs culinaires sera lâchée sur les ustensiles que vous chérissez : votre planche à découper, le hachoir

si souvent saisi sous la lumière rouge sang du soleil déclinant. Frappez fort — tchac ! La douce scission de la petite colonne vertébrale sous le métal tranchant ! L'ultime couinement et la convulsion de mort du rat désespéré !

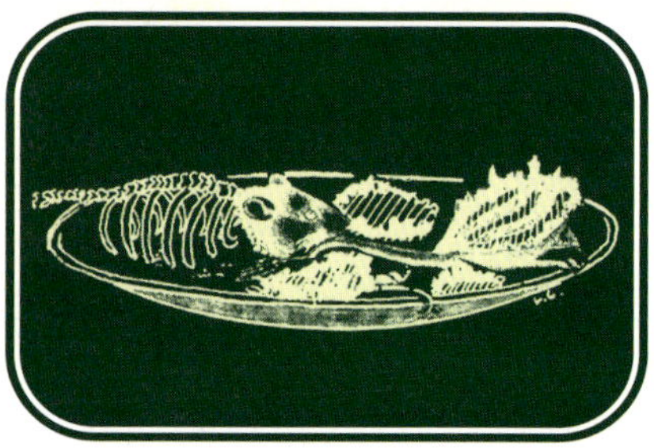

L'ouvrage de référence sur

Les Masturbateurs de l'Histoire

Superbes illustrations.
Préface de
HUMPHREY DUBIEN

• ***GEORGES WASHINGTON*** *(tiré de son Journal, juillet 1776) :* ***« La lutte est achevée, la bataille est gagnée, aujourd'hui l'indépendance pour laquelle nous avons tant donné est nôtre de plein droit. Je n'aurais personnellement jamais réussi à aller jusqu'au bout si je ne m'étais pas régulièrement secoué la branche. »***

• ***NANSEN****, explorateur norvégien :* ***« Je trouve que j'explore bien mieux après m'être manipulé tout mon soûl. »***

• ***OLOF PALME****, Premier ministre suédois :* ***sans commentaire.***

• ***VERDI : « Composer des opéras est un travail exténuant et je pense que la meilleure méthode pour se relaxer est celle qu'emploient tous les hommes. »***

• ***LÉOPOLD I******ER*** *(1640-1705) :* ***« Être le Saint Empereur romain est un travail exténuant, il y a des territoires immenses à défendre et, en 1683, les Turcs étaient aux portes de Vienne. Je ne crois pas que j'aurais pu m'en tirer sans quelques revues salaces et une branlette. »***

• ***PURCELL, compositeur et organiste anglais du XVII******e*** ***siècle : « Un bon coup de poignet me remet en forme. »***

• ***MICHEL-ANGE : « E parate di pristavere e dimaggione con brio Sistine marvelloso giondore. »***
(Peindre la Chapelle Sixtine est un travail exténuant. Abuser de moi-même me permet d'aller de l'avant.)

• ***NAPOLÉON****, 1813 :* ***«Juste avant la grande bataille d'Austerlitz, et aussi les batailles d'Ulm et de Borodini, je m'étais préparé avec la main droite.»***

« LES MASTURBATEURS DE L'HISTOIRE propose une toute nouvelle façon d'envisager l'histoire » a écrit (d'une graphie tremblante) le critique Kenneth Onan. Pour la première fois, nous pouvons jeter un œil sur les événements qui, en coulisses, on influencé la course de l'histoire : la fameuse poignée de mains survenue durant la signature du Traité d'Utrecht, la véritable raison pour laquelle Ponce Pilate s'est lavé les mains. Nous comprenons enfin pourquoi les carrières de tant d'écrivains, de musiciens (particulièrement les pianistes), de généraux et de politiciens ont connu des revirements. Pourquoi Beethoven est-il devenu sourd ? Pourquoi Toulouse-Lautrec était-il aussi petit ? Que faisait Saint-Louis sous son chêne ? Tout cela et bien d'autres choses encore, vous le saurez en parcourant cette encyclopédie historique de poche richement illustrée.

Il était une fois,

il y a très très longtemps, par-delà les montagnes, dans une vallée très très lointaine, se trouvait le royaume le plus heureux que le monde ait jamais connu.

Ce royaume, qu'on appelait la Vallée Heureuse, était celui d'un sage et vieux Roi nommé Otto et tous ses sujets étaient prospères et heureux et il n'y avait ni mécontents ni grognons, le sage vieux Roi les avant tous mis à mort de nombreuses années plus tôt en même temps que les leaders syndicaux. Tout le bon peuple heureux de la Vallée Heureuse chantait et dansait toute la journée et quiconque se révélait être pour une raison ou une autre misérable ou malheureux ou qui connaissait le moindre problème personnel était traîné en justice en vertu de la Loi du Bonheur.
(Voir, par exemple, le procès Royaume contre Schlitz [1251]).

Schlitz, charpentier, surpris à gémir doucement en violation du paragraphe 2 de la Loi pour Les Cris de Liesse [1208] ; également convaincu de dépression avec préméditation en violation du paragraphe 1 de la Loi du Bonheur. L'accusé plaide les circonstances atténuantes, arguant que sa femme est morte la veille ; Rien n'y fait, il est condamné à être pendu par le col jusqu'à ce que réconfort s'ensuive.)

Tandis que le bon peuple de la Vallée Heureuse folâtrait avec assiduité, leur sage vieux Roi, qui était un vieux joyeux luron, jouait d'étranges chansons sur son orgue Hammond, là-haut dans son magnifique château, où il vivait avec sa gracieuse Reine Béchamel et leur ravissante fille Mitzi Gaynor, qui avait de superbes nichons, un sourire enchanteur, et des dents en bois qu'elle avait achetées à un pharmacien d'Augsberg malgré les risques d'incendie. Elle prenait grand soin de ces dents qui avaient été taillées dans le pin le plus précieux et elle les vernissait après chaque repas. Juste après ses dents, son plus grand amour était son chien Hermann. Elle emmenait souvent Hermann se promener, le chouchoutait, le câlinait et volait pour lui des friandises qu'il ne mangeait jamais parce qu'il était mort, événement triste que personne n'avait eu le cœur de lui révéler, tant elle était douce et innocente et surtout ignorante de la mort, des gastro-entérites et même des articulations de la hanche en plastique. Un jour, alors que Mitzi traînait Hermann dans les Jardins Royaux, elle posa son regard sur le plus beau jeune homme qu'elle avait jamais vu et tomba éperdument amoureuse de lui, présumant bien sûr qu'il était prince. Le hasard faisant bien les choses, il se trouve qu'il était bel et bien prince, et donc, après avoir cherché son nom dans le Trombinoscope des Princes, elle alla le voir et lui parla de mariage. Le temps d'un battement de cils, c'est-à-dire quinze jours plus tard, ils allèrent voir le Roi Otto pour lui demander la permission de se marier. Quel couple parfait ils formaient ! Mitzi, resplendissante dans un brocart de satin rose coquille, arborant de nouvelles dents d'acajou à l'épreuve des balles, tandis que le Prince Kevin, chic au possible, attirait de nombreux regards admiratifs de la part de vieilles pédales refoulées et excitées présentes dans le vestibule.

Bientôt, ils furent devant la porte de la salle de commande du royaume. Alors qu'ils tentaient de contrôler leur excitation, ils furent introduits auprès du Roi en personne, qui était assis devant l'orgue royal et qui chantait sa dernière composition, l'étrangement discordant Ya bim dee bim, baffage f'tang remuage boo bum.

Lorsque le Roi eut fini, quelques heures plus tard, et que les applaudissements des courtisans eurent cessé, quelques heures plus tard encore, Mitzi présenta le Prince Kevin qui fit une gracieuse révérence et demanda au sage vieux Roi la main de sa fille en mariage.
— Est-il dans le Trombinoscope ? demanda le Roi.

— Oh oui, Papa! s'écria Mitzi.
— Aimez-vous ma fille ? s'enquit le Roi.
— Absolument, monsieur ! répliqua le Prince Kevin.

Un murmure de ravissement traversa l'assistance car, par son maintien noble et sa naturelle douceur, le Prince avait gagné l'approbation entière de la Cour.

— Parfait ! reprit le Roi. Mais, avant d'accorder ma permission, je vais vous imposer une épreuve qui vous permettra de prouver que vous êtes digne de la main de ma fille.
— Je l'accepte ! s'écria noblement Kevin.

Le vieux visage du Roi afficha un air grave.

— À neuf heures demain matin, expliqua-t-il, vous devrez vous rendre au sommet de la plus haute tour de ce château et là, armé seulement de votre épée, vous devrez sauter par la fenêtre.

Et ainsi, tôt le lendemain matin, le brave jeune Prince, dans son superbe peignoir or et blanc, armé seulement de son épée magique, plongea de huit cent mètres vers une mort rapide. Des cris de joie s'élevèrent alors ! Comme le cadavre princier était drôle à voir !

— On peut se marier, maintenant, Papa ? demanda Mitzi qui, comme il a déjà été dit, ignorait tout de la mort.
— Non, ma fille, j'ai peur que cela ne soit pas possible, répondit le sage vieux Roi qui était pourtant lui-même un mordu de nécrophilie. Il ne te méritait pas.
— Oh, flûte, dit Mitzi, est-ce qu'il va devoir aller dans la terre comme tous les autres ?

Effectivement, le Prince Kevin (enfin ce qu'il en restait) fut enterré à côté des restes du Prince Oswald (p. 4 dans le trombinoscope) qui avait eu à combattre une division d'infanterie armé seulement d'un exemplaire du Times, du Prince Robin (p.19) qui avait vaillamment tenté de combattre un fourneau incandescent en étant jeté dedans, du Prince Norbert (p. 36) qui avait dû catcher avec une moissonneuse-batteuse, du Prince Malcolm (p. 8) qui avait dû attraper un missile qu'il avait, hélas, laissé tomber, ainsi que des restes de tous les nombreux autres Princes qui s'étaient révélés un chouïa malchanceux dans leur quête du cœur de la Princesse.

Après que le cercueil du Prince Kevin eut été déposé sur le traditionnel coussin péteur bordé de noir (en sa qualité de Prince, Kevin s'était vu accorder un enterrement officiel de luxe), Mitzi repartit pour une promenade dans les Jardins Royaux, traînant son fidèle Hermann derrière elle, histoire de voir si elle pouvait se dégoter un autre prince. Hélas, bien qu'une grande partie du peuple de la Vallée Heureuse se trouvât là, le Charpentier, le Forgeron, le Fabricant de bougies, l'Agent de la Police secrète, le Laveur de carreaux et ses amis, le Bourreau et tous ses petits apprentis, l'Écrivain de talent, l'Agent provocateur diplômé, malgré l'affluence, il n'y avait pas le moindre Prince. Il faut dire que les Princes étaient devenus rares ; aussi difficiles à trouver qu'une vierge en Australie.

Alors Mitzi se dirigea vers la rivière. Là, pleine d'espoir, elle embrassa les grenouilles.

Alors qu'elle se trouvait près du Buisson magique des Champignons à la provençale, elle aperçut un mince trait de lumière dorée à travers les branches d'un saule rigoleur. Elle s'approcha et entrevit ce qui ne pouvait être, elle en était sûre – qu'un prince. Il était maigre comme un clou et boutonneux, il avait un long nez, les jambes arquées, des dents de contreplaqué non cirées, une rare malformation du pied mais Mitzi se dit qu'un prince restait un prince et, sans chercher à se raisonner, elle tomba amoureuse de lui.

Peu après, enfin un peu plus de temps que ça mais qu'importe, lui aussi, il tomba amoureux d'elle, et quelques heures plus tard ils se mirent tous deux en route pour aller demander au Roi Otto sa permission pour se marier (ce Prince ne lisait pas plus les journaux que les précédents, pas plus non plus que tous ses congénères, ces petits bâtards décadents, ces crétins parasitiques.)

Mais pendant qu'ils étaient sur ce chemin de félicité, traversant les majestueux corridors qui devaient les mener aux appartements royaux, ils rencontrèrent, par chance, la Reine Béchamel en train de se faire prendre par un gentilhomme de couleur.
— Bonjour, Maman, s'écria Mitzi, c'est le Prince Walter.
— Bonjour, Prince Walter, s'écria gracieusement la Reine en enfilant son soutien-gorge, je suis enchantée de vous rencontrer.
— Bonjour, l'ami de Maman, s'écria Mitzi.
— Ne sois pas surprise, ma chérie, sourit la Reine, je te présente le docteur Erasmus, mon nouveau professeur d'algèbre.
— J'avais deviné que vous étiez médecin, s'écria joyeusement Mitzi qui ne savait rien de la gynécologie. Maman, nous allons demander à Papa la permisssion de nous marier.
— Ah, marmonna la Reine Béchamel, je vais lui en toucher un mot auparavant. Docteur Erasmus, je vous verrai à huit heures au sujet de ce théorème sur les binômes.
— OK, Reine, mugit son coloré mentor, j'apporterai l'huile pour bébé.
— Maintenant, Mitzi, reprit notre gracieuse Reine d'un ton sérieux, réponds-moi : Walter est-il réglo ?
— Il est à la page 20 ! s'écria notre douce héroïne en agitant l'infaillible Trombinoscope. Est-ce que Papa aime bien le docteur Erasmus ?
— Mieux vaudrait que tu ne lui en parles pas, ma chérie. Papa a des idées bizarres sur les gens trop bronzés.
— Je ne connais rien aux préjugés raciaux, dit tristement Mitzi, car elle ne connaissait rien aux préjugés raciaux.
— Bon, vous allez tous les deux attendre ici un moment, ordonna la Reine Béchamel, il faut que je parle à ton père.

Et elle se rendit à grands pas dans la salle de commande du Royaume où, interrompant brusquement le Roi qui chantait son vieux tube disque d'or (Ni ni ni ni ni ni ni ni ni ni ni ni ni ni ni ni ni ni NI !!, référence numéro 0001 sur le label EMI), elle expliqua sans détour à Otto que Mitzi commençait à manquer de prétendants valables et qu'il avait intérêt à imposer au prochain une épreuve facile il ne voulait pas qu'il lui en cuise.

— Est-il dans le Trombinoscope ? demanda le Roi, d'un air renfrogné.
— Oui, Papa, s'écria avec un plaisir évident la Princesse Mitzi.
— Aimez-vous ma fille ? interrogea le sage vieux Roi.
— Ça se pourrait, accorda le Prince Walter sur un ton nasillard.
— Souhaitez-vous, oui ou non, la prendre pour épouse ? reprit le sage vieux Roi.

Un silence lourd régnait sur l'assemblée des courtisans, dont pas un ne goûtait l'apparence de Walter, pas même le Grand Chancelier qui était pourtant tout à fait gay.

— Oui, bon, d'accord.
— Dans ce cas, reprit le Roi qui, sachant bien que le premier époux de la Reine Béchamel avait connu une fin mystérieuse, était déterminé à régler cette affaire, je dois vous imposer une épreuve qui vous révélera digne de la main de ma fille.
— Pourquoi ? répliqua l'effronté.
— Parce que c'est une putain de princesse, voilà pourquoi ! rétorqua le Roi qui contrôlait avec peine sa rage. Et ton épreuve consistera à te rendre en ville, sans arme et sans aide aucune, pour m'acheter un paquet de clopes.
— Quoi, maintenant ? demanda Walter.
— Pas nécessairement, dit le Roi mollement, souriant à la Cour avec la spontanéité d'un animateur de talk-show. Je vais y réfléchir.

Enfin bon, le jour vint où le Prince Walter dut relever son défi, à vrai dire ce jour vint vite puisque ce fut le lendemain même. Toute la Vallée Heureuse s'était assemblée sur la place du village et attendait fébrilement l'événement. Le Roi, la Reine Béchamel et la Princesse Mitzi, dans leurs plus beaux atours, s'assirent sur la tribune qu'on avait joliment décorée et qui était entourée par tous les gardes royaux (à l'exception de Brian Freud qui était indisposé).

Soudain, la foule fit silence ; l'impérieuse stature du Prince Walter s'approchait de la Famille Royale. En peu de mots, le Roi annonça à l'assistance la nature de l'épreuve imposée à Walter, la Reine Béchamel donna sa bénédiction royale et Mitzi une culotte royale que Walter devait porter sur lui lors de sa quête, en preuve de son indéfectible amour et afin d'éloigner les esprits malfaisants.

Tandis que les cris de joie de la foule et les roulements des tambours emplissant la place résonnaient à ses oreilles, Walter, seul et armé uniquement d'une demi-livre sterling, prit le chemin de sa quête. Mètre après mètre, il marcha, pied après pied, encore et encore, d'un pas résolu, cherchant la meilleure façon de marcher, sans se laisser décourager par les cailloux qui jonchaient la rue, ni par les oiseaux qui volaient au-dessus de sa tête, avançant encore et encore, encore et toujours, et encore et toujours en avant, sans jamais se retourner.

Une fois seulement, le peuple de la Vallée Heureuse, les invités qui étaient venus de très loin pour assister au spectacle et tous ceux qui avaient obtenus des tickets sentirent un moment d'hésitation chez Walter, alors qu'il tournait dans la rue Exceptionnelle. Il semblait trahir une fugace indécision. On crut qu'il chancelait, en fait il s'était penché pour se gratter l'entrejambe ; une seconde plus tard, il était reparti, poussé en avant par la brillante mais menaçante perspective du tabac Le Khédive, juste deux pas de porte après la boucherie.

Il marcha encore et encore, pas après pas, mètre après mètre, jusqu'à ce qu'enfin il s'arrête devant les portes de son Saint Graal, son rêve improbable, son but adoré. La merveilleuse boutique se trouvait devant lui !

La foule qui remplissait les trottoirs, les petites rues adjacentes et les fenêtres de chaque maison se figea subitement. C'était le moment de vérité ! C'était maintenant ou jamais ! Lentement, Walter franchit le pas qui le séparait de la porte, marqua une pause, se saisit de la poignée et, d'un expert mouvement de bras, la fit pivoter. Il entra dans l'antre du marchand de tabac. La foule retint son souffle lorsqu'il disparut dans l'obscurité profonde du Khédive.

Les minutes passèrent. La foule guettait anxieuse. Nombreux furent ceux qui s'évanouirent.

Lorsque soudain ! La sonnette d'une caisse enregistreuse ! Le bruit d'une poignée de porte qu'on tourne et Walter, victorieux, apparut dans l'encadrement, le bras fièrement levé et tenant, serré dans la main – oui ! – les vingt cigarettes emprisonnées dans un magnifique paquet dont l'inestimable cellophane brillait aux rayons du soleil !

Une clameur de joie retentit dans la Vallée Heureuse et la multitude déferla pour saluer le conquérant. Walter resta immobile un moment, savourant les acclamations puis, se retournant, reprit son chemin en sens inverse, pas après pas, mètre après mètre, exactement de la façon déjà décrite plus haut, dans la direction opposée. Cela dura peu ! Car la foule en délire, incapable de se contenir plus longtemps, se précipita sur son héros et le porta en triomphe, lui faisant remonter la rue Exceptionnelle et la Rue des Anti-dépresseurs, jusqu'à la place du village où elle le déposa, au pied de la tribune royale, juste à temps pour la photo. La place résonnait des clameurs de joie que l'écho rapportait. Les cymbales claquaient comme le tonnerre! Les vieilles cloches de la cathédrale sonnaient joyeusement! Lorsque Walter présenta fièrement au Roi le fruit de sa quête, les oiseaux emplissaient les airs de leurs pures rhapsodies, les fleurs s'épanouirent pour célébrer l'événement.

— Où est ma monnaie ? demanda le Roi.

— J'vous l'ai rendue, répondit notre héros.

— Je vous avais donné dix shillings.

Il faut dire que le Roi n'avait jamais pu se faire à la nouvelle décimalisation de la monnaie. Il poursuivit :

— Combien c'était ?

D'un geste gracieux, la Reine l'interrompit :

— La ferme, Otto ! Et donne-lui la main de Mitzi.

C'est alors qu'une voix retentit, une voix aux intonations mélodieuses, quoique forte et masculine, comme celle d'un présentateur de journal inspiré :

— Halte !

Tous les yeux de la place se tournèrent dans la direction d'où venait la voix. Devant eux, un Prince, plus beau qu'Apollon, plus impérieux encore que Richard Attenborough, plus royal que le Duc de Kent en personne, était juché sur un magnifique étalon arabe.

— Halte, de grâce ! s'écria cette quintessence du jeune âge viril. Gentil Roi, je te prie de ne pas donner ton accord.

— Qui êtes-vous ? demanda, un peu désorienté, le Roi Otto.

— Je suis le Prince Charmant, du Royaume des Lacs Dorés ! Page 5 dans le Trombinoscope ! Je réclame la main de votre merveilleuse fille, la Princesse Mitzi! s'écria la créature quasi divine qui, descendue à terre, avait laissé à ses écuyers la charge de garer son superbe étalon.

Un murmure parcourut la place du village.

— T'arrives trop tard ! cria le Prince Walter.

— Quoi ? brama l'archétype machiste.

— Elle est à moi, Charmant, dit hargneusement notre ancien héros. Maintenant, tu te tires !

La Reine se leva :

— Minute ! Mitzi n'est pas encore fiancée !

— Quoi ! protesta le Prince Walter. Le Roi a dit que si je lui dénichais vingt clopes, il me la filerait !

— Vingt clopes ? répéta, abasourdi, le Prince Charmant.

— Même qu'il a fallu que j'aille en ville !

Le vaillant Prince Charmant, désignant la belle Mitzi Gaynor qui s'était levée et reluquait maintenant le Prince des Lacs Dorés d'un air qui trahissait un sentiment proche de la luxure, prit un ton solennel :

— Pour cet inestimable trésor, pour cette plus que parfaite création de Dieu, pour la plus fine et délicate fleur qu'on puisse trouver dans cette aire géographique, j'affronterai en combat mortel la plus redoutable de toutes les créatures...

— Un émeu ! ! s'écria la foule.

— Non, non, non, reprit le Prince Charmant. Un dragon !

— Nous acceptons, trancha la Reine.

— Nous acceptons, hurlèrent les villageois qui, selon les cas, étaient des hommes ou des femmes.

— M'étonnerait qu'il réussisse à dégoter un dragon, grinça le Prince Walter.

Le Prince Charmant lui fit la faveur d'un sourire gracieux :

— J'en fournirai un.

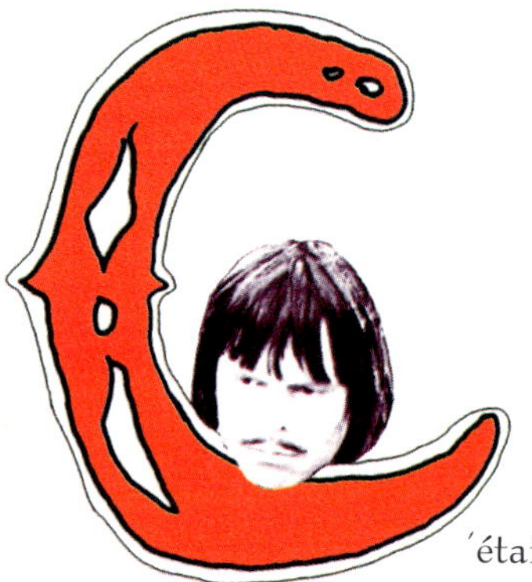

C'était un beau matin de printemps, la foule excitée grouillait autour du cynodrome qu'on avait rouvert pour le combat avec le dragon. Ce cynodrome avait été inauguré le lendemain de la mort de Hermann. Mitzi, ayant inscrit son chien à toutes les courses, celui-ci étant mort, et ayant donc toutes les chances d'arriver bon dernier, on avait décidé d'annuler toutes les épreuves, les animaux de compagnie royaux n'ayant pas le droit à l'échec, comme le stipulait la constitution de la Vallée Heureuse. Mitzi persévérait cependant à aligner Hermann chaque fois qu'on annonçait de nouvelles courses, toutes étaient donc annulées à la dernière minute (pour cause de pluies imprévues).

Ça durait depuis six ans. L'éditeur juge que ces détails ne sont pas pertinents mais je tenais à vous les faire connaître, juste pour vous donner une idée de l'atmosphère.

Enfin, bon... tout le monde était là, agglutiné autour du ring qu'on avait spécialement érigé, se bousculant pour avoir la meilleure vue, discutant avec excitation, s'esclaffant gaiement aux bouffonneries de jeunes gens pleins d'esprit qui s'étaient hissés dans l'arène et qui, maintenant, rôtissaient un immigré sur une broche astucieusement improvisée à partir d'une hampe de drapeau qu'on avait empruntée à la tribune royale. Soudain, une explosion de cris de joie et de sifflets annonça l'arrivée de la Famille Royale dans sa loge ; le Roi Otto menait la marche en jouant une sélection d'airs de Bizet sur son nouvel orgue-bracelet japonais, immédiatement suivi de Mitzi qui était accompagnée par le Grand Chancelier, la Reine Béchamel, l'Archiduc Harry, le Président de la Haute Cour de Justice, l'Archevêque, le Maréchal Écrasehareng, l'Amiral Spam-Willoughby-Spam, suivis de tous les courtisans et assistants qui portaient les cageots de cérémonie contenant la bière brune et les petits pains au fromage et aux oignons. Arrivés à leurs places, ils firent des signes à la foule tandis que le Grand Chancelier et l'Ouvreuse Royale s'engueulaient pour une histoire de tickets. Puis, au moment où ils s'assirent, un formidable cri de joie explosa : la cardiaco-stimulante figure du Prince Charmant et son bel étalon venaient d'entrer dans l'arène. Les applaudissements frénétiques se muèrent en encouragements : « Char-mant !... Char-mant !... Char-mant !... » Tel fut le cri repris par une audience record de 22 407 spectateurs (à l'unique exception du Prince Walter qui, assis seul au milieu de la tribune est, arborait la cocarde du dragon et sifflait son rival en se curant le nez sous l'effet de l'appréhension).

Le Prince Charmant stoppa son cheval et se tint coi un moment. Sa chevelure blonde reflétait les rayons du soleil, ses larges et mâles épaules semblaient se développer encore sous la chaleur. Ses écuyers lui apportèrent une échelle et, gracieusement, délicatement, fermement, avec confiance et ténacité, hardiment, prestement, impérieusement, irréfutablement mais intensément tout de même, il descendit et, en signe de salut, s'inclina jusqu'à terre en direction de la loge royale. À ce moment précis retentit le plus terrifiant rugissement, le mugissement le plus propre à figer le sang dans les veines qu'on ait entendu dans la Vallée Heureuse depuis mille ans. Ce fut, pour parler sans détour, vachement fort, au jugé pas loin de 12 000 watts, et ce fut un son d'une si indescriptible étrangeté qu'il est impossible à décrire.

La foule, tremblante et apeurée, eut un mouvement de recul; saisie par l'horreur et l'effroi, elle regarda en direction du camion de déménagement garé aux abords du ring. Un nouveau rugissement hideux suivit le premier puis, avant même que l'assistance puisse reprendre son souffle, la porte latérale du camion s'abattit, révélant aux regards frappés de terreur... le dragon !! Un épais rideau de flammes traversa l'air et, d'un bond, l'effroyable créature sauta au milieu du ring en poussant un troisième hurlement, d'un grotesque à vous glacer le sang. Même le Prince Charmant, un court instant, sembla épouvanté par l'apparition, tandis que de la tribune est parvenait le chant solitaire de Walter : « Vas-y !... Vas-y !... Vas-y !... »

Pendant une seconde, le dragon sembla stupéfait par ce qui l'entourait et resta immobile. Charmant prenait la mesure de son effrayant adversaire. L'énorme gueule béante laissait apparaître une langue rouge qui se tortillait haineusement et le scintillement de dents aux bords tranchants comme des rasoirs, d'immondes poches pleines de venin pendaient sous son cou blindé, ses oreilles étaient macabres, ses sinistres yeux étaient injectés de sang et il avait d'inquiétants poils qui lui sortaient du nez. Ses côtes garnies de pointes empoisonnées cerclaient son dos visqueux, et écailleux et une formidable coquille d'acier blindé habillait ses parties intimes.
Ses pieds aussi étaient sacrément effrayants. Et sa queue ! Elle avait une courbure qui aurait foutu la frousse à Mohammed Ali.
La longueur de cette effroyable bête de cauchemar ne devait pas (à un centimètre près) être inférieure à trente centimètre et elle était presque aussi haute qu'un lapin.

Les dents de Charmant s'entrechoquèrent. Avançant résolument une de ses chaussures d'or, il se mit en marche vers le dragon, progressant légèrement sur le sable séché par le soleil, précautionneusement mais avec un air résolu, se coulant comme une panthère, révélant le sang-froid d'un matador et la grâce d'un dieu. Immobile, le dragon attendait, rugissant atrocement dans le micro amplificateur et crachant d'incroyables jets de flammes de plus d'un centimètre.

Charmant s'approchait. Il était à trente pas, vingt pas... dix ! La tension était à son paroxysme. Cinq pas... quatre... trois...

Charmant stoppa son avancée un bref instant. Brillante, une goutte de sueur perlait à son front. Au moment précis où le dragon rentrait la tête pour mieux charger, il dégaina son fidèle pistolet Luger et lui brûla sa petite cervelle.

— Tricheur !!! cria Walter, mais son objection fut engloutie dans l'explosion d'applaudissements qui récompensa la grandiose prouesse !

L'arène résonnait de cris de joie que l'écho

augmentait par vagues. Les cymbales claquaient... (Voir page 5 de cette histoire pour plus de détails.)

Le Prince Charmant et la Princesse Mitzi furent mariés l'après-midi même et allèrent vivre dans le Palais Royal du Royaume des Lacs Dorés avec le Roi et la Reine Charmant et, à la mort du Roi Charmant, ils dirigèrent le centre d'élevage des dragons nains royaux et développèrent de nouvelles variétés. Ils se firent un max de blé et vécurent heureux jusqu'à la fin de leurs jours.

Walter se remit bien vite de sa déception, se rangea, devint comptable, se débrouilla très bien, vraiment, et épousa une très, très chouette fille, des gens ont dit qu'elle était un peu simple mais elle était sympa. Il acheta une Rover d'occasion et une petite maison à Watford. Ils eurent un petit bateau aussi et ils prirent l'habitude d'aller à Majorque pour les vacances. Walter parla souvent de retourner dans la Vallée Heureuse plutôt qu'à Majorque mais Brenda disait qu'il n'avait plus rien à y faire alors ils n'y sont jamais retournés.

FIN

La page des enfants

Bonjour, les enfants, bonjour. Je m'appelle tonton Denis et je vous accueille dans cette page faite pour vous seuls. Aujourd'hui je vais vous raconter une histoire, alors asseyez-vous confortablement, et nous allons pouvoir commencer.

Un jour, Rikki le lutin magicien alla rendre visite à Daisy l'abeille dans son cottage délabré. Il la trouva dans sa chambre à coucher. Sans attendre, il la saisit brutalement par les épaules, la bascula sur le lit et déchira fiévreusement sa petite [redacted].

Le vieux Nick était un rude capitaine comme on n'en fait plus. Il aimait sa vie de marin et il aimait faire une virée sur les quais, là où des hommes habillés en femmes [redacted] avec un melon.

Panpan le lapin se rendit au joli magasin qui était situé au pied du vieux chêne branlant magique, à l'ombre des glands magiques, sur la clairière touffue. Là, il fit l'achat de contraceptifs, [redacted] dans toutes les positions [redacted] toute nue [redacted] bit[redacted] enc[redacted].

Folie d'été

Le feuilleton d'Elaine Gibson

Résumé des épisodes précédents: *Depuis dix-sept semaines, Janet est en voyage organisé à Malaga, tentant d'oublier Ron, le grand assistant-photographe blond qui, elle en est persuadé, sort avec Olga, la copine russe et extravertie avec qui elle partage son appartement. Sur la plage de Torremolinos (Espagne) l'amour l'a rattrapée sous la forme de Renaldo, un métèque au cheveux longs, serveur dans un café du coin. Ensorcelé par sa fraîcheur anglaise, Renaldo lui a demandé de passer la nuit avec lui sur une paillasse dans l'arrière-salle de L'Office National du Tourisme Espagnol, mais elle ne peut cesser de penser à Ron et de se demander où il peut-être en ce moment... Suite.*

Renaldo me prit tendrement dans ses bras et pressa ses lèvres italiennes sur le clip Channel de mon oreille récalcitrante.

"Maintenant, maintenant, Chérie", murmura-t-il, tandis que son corps répondait rudement à mes caresses amicales. Mais ce n'était pas Renaldo qui occupait mes pensées. Mon esprit et mon corps n'appelait que Ron. Ron, Ron, Ron. Chaque fois que je repensais à nos moments d'intimité, dans sa chambre noire pleine de poussière, je ne pouvais pas croire à l'évidence que m'avaient révélé les photographies que j'avais trouvé. Est-ce que c'était bien Olga qu'elles montraient? C'était dur à dire à la vue de ces tirages à gros grain, où son visage était pris de loin. Mais c'était bien les chaussettes de Ron. Peut-être aurais-je dû lui donner une chance, lui mettre mes preuves sous les yeux, au lieu de fuir vers le soleil avec le souvenir terni d'un amour gâché et une brochure d'engagement dans l'armée pour tout bagage. Décidemment, j'étais encore une petite fille sur bien des plans.

"Maintenant, maintenant, mon amour", haleta Renaldo. Mais mon esprit était loin, très loin. Je rêvais des terrains de sport du Lycée Maytown et des glorieux étés où ma jeunesse fleurissait comme un géranium et où Jack, le gardien du stade qui passait son temps au pub du coin, remplissait mes rêves adolescents de désirs interdits. Bien des fois, nous avons couru ensemble jusqu'à notre cachette secrète, derrière le laboratoire de sciences, pour rêver des rêves d'amour et nous fondre en mille baisers.

"Maintenant, maintenant, je t'en prie", supplia Renaldo, tandis que son corps chaud et bronzé était soudé au mien dans l'ombre chaude de l'Espagne ensoleillée. Mais mon esprit était très loin des pizzas, des platanes et des trattorias de la Costa del Sol. Je rêvais de Mr Robinson, mon premier professeur de maths et de la façon dont il m'avait appris tout ce qu'il savait, me faisant découvrir le petit sentier rose de l'amour. J'aurais tout donné pour me retrouver encore dans sa petite cabane branlante, loin des illusions de ces quinze jours de loisirs qui se termineraient inévitablement par un retour à la réalité et à l'aéroport de Luton. Ce que je vivais maintenant n'était qu'une amourette éphémère, une romance de vacances. Oh, quand donc allai-je enfin grandir?

"Maintenant, maintenant", cria Renaldo, mais mon esprit était très loin; je pensais que tout cela aussi prendrait fin trop vite et que je devrai retourner à mon appartement de Gloucester et à mes problèmes de secrétaire intérimaire au service de Mr Biggleswerth, le célèbre producteur de cinéma. Pourquoi ne me regardait-il jamais? Pourquoi ne me parlait-il jamais? Et qui était ce mystérieux Giles qui était toujours avec lui? Pourquoi lui non-plus ne me regardait-il jamais? Qu'est-ce qui n'allait pas, chez moi?

"Maintenant, maintenant", hurla Renaldo tandis que son corps chaud s'acharnait à coller au mien, mais mon esprit était à des kilomètres de là. A un million de kilomètres, à San Francisco et à Los Angeles où Tony le batteur était parti avec son groupe les "Maybe". Il m'avait dit qu'il allai m'écrire, mais peut-être qu'il était trop occupé à devenir célèbre pour se souvenir d'une petite secrétaire comme moi. Je pensais à l'atmosphère intime de sa loge durant ces cinq minutes où nous nous étions rencontrés. J'essayais de me souvenir de son visage mais tout ce dont je me rappelais était sa ceinture et sa fermeture-éclair.

"Et merde", dit Renaldo. "Ecoute, attend-moi ici, il faut que j'aille me nettoyer". Mais je l'entendis à peine. Mon esprit était très loin, songeant à Bobby le styliste de mode et se demandant s'il allait un jour revenir de Hambourg...

A suivre

Un Puzzle

Instructions : découpez les pièces et disposez-les de façon à obtenir le visage d'un membre connu du gouvernement

Bulletin Scolaire

Portant sur la période : 17 Janvier au 20 Avril 1973

Nom de l'élève : Dieu **Classe de :** Seconde

Matière	Notes	Commentaire du professeur
Anglais	2	Médiocre. Ecriture faible. R.B
Français	1	Très médiocre. A.U.
Géographie	7	Décevant. Des connaissances, mais qui semblent un peu dater. Idées intéressantes sur la formation des rochers. E.M.
Biologie	6,5	Pauvre. Croit tout savoir, s'emporte constamment contre les théories de Darwin. P.L.
Catéchisme	4	Faible. L'élève n'arrête pas de contester les faits bibliques. Refuse de lire la bible sous prétexte que ses propos auraient été "déformés". Révérend Hall.
Latin	20	De loin le meilleur élève que j'aie jamais eu. J.M.
E.M.T.	16	Doué pour la charpenterie. Marie et moi l'aimons beaucoup. J.
Cuisine	11	Cuisinier habile. Dieu est capable de préparer, avec presque rien, des plats pour un grand nombre de personnes. Yates.
Arts	12	Très créatif. Prétend cependant avoir tout créé, y compris moi-même, monsieur Yidler l'organiste et pas mal d'autres gens.
Sports		INAPTE À L'AVIRON. DÉTESTE LES SPORTS ET S'EST MÊME PARFOIS PERMIS DE MARCHER SUR L'EAU DE LA PISCINE AU COURS DE LA COMPÉTITION AVEC LES VÉTÉRANS, CE QUI ÉTAIT ANTISPORTIF ET DANGEREUX. MAIS IL RÉUSSIT À FAIRE DES POMPES — R. Bligh

Remarques du Professeur Principal

Je dois avouer que je suis déçu du travail accompli par Dieu. Aucune des trois entités qui se trouvent en lui n'a cherché à s'améliorer. La plupart du temps, Dieu s'assied au fond de la classe et discute avec eux-mêmes. Il n'a pas témoigné d'intérêt envers la pratique du rugby, a demandé à être dispensé de catéchisme et semble, d'une façon générale, s'orienter vers un futur incertain et mystérieux. De plus, son omniprésence commence à poser des problèmes dans l'école puisque il est par définition constamment hors de nos enceintes et, dans le même temps, toujours dans le lit de l'infirmière. Pour finir, l'attention qu'il porte à la fiancée du professeur de charpenterie a forcé cette dernière à partir le trimestre précédent et il y a pas mal de rumeurs assez vilaines qui, par sa faute, planent sur l'école.

Mr L. Alverson

Avis du Doyen Je suis au regret de devoir me prononcer pour l'exclusion d'un élève qui n'est pas dépourvu de dons et d'agréments. N'oublions pas par exemple avec quel enthousiasme il a redessiné les plans de l'établissement et comment il les a exécutés en six jours ! Je ne puis pas le recommander pour une scolarité à Oxford ou Cambridge, mais je peux lui écrire une lettre d'introduction pour l'entreprise Bouygues.

Eric Pope.

Avis de l'Orienteur Militaire

Tous trois, en collaborant étroitement, auraient pu faire un assez bon soldat de première classe. A montré un intérêt particulier pour le maniement des armes. Capitaine Curann. C.O.

BIBLIOGRAPHIE

Si vous avez aimé ce livre, voici quelques propositions de lecture :

Essais :

Comment se saouler à un prix modique.
Continuer à respirer (n°1 de la série *Comment rester en vie ?*).
Rester propre sans aucun effort.
Tout ce que les époux doivent savoir.
Tout ce que les époux ne doivent pas savoir (épuisé).
1 000 façons de se moquer d'une vache.
Le Sexe facile avec les crapauds.
Sexe avec les crapauds, à l'usage des animaliers.
Gagner de l'argent facilement, en faisant l'amour à un crapaud.
Ma vie avec un amateur de crapaud.
L'Amour avec les crapauds pour les couples mariés.
Le Sexe avec un crapaud mexicain.
Le Plaisir avec les perroquets.
Le Plaisir avec le duc d'Edimburgh.
Le Plaisir avec à peu près n'importe quoi.

Biographies :

La Vie et les secrets intimes de madame Betty Rogers, 12 rue Bodinier, Calais, de M. Umberto Robinson, 13 rue Bodinier, Calais.
Souvenirs de voisinage : madame Betty Rogers, de M. Pules, 11 rue Bodinier, Calais.
Les Jours heureux de l'édition (le vendredi et le samedi), par G. Strachan.
Puis-je être mentionné dans votre livre les gars? de D.P Fayat
Nous aussi? De G Maouy et G Ragueno
Vous trouvez ça drôle? De J Brouss.
Non !, de Ed.
Bon, on va bouffer au Farniente ?, de Hubert Robin.

Autobiographies :

Moi, de Jean Moi.
Nègre dans l'édition, un métier difficile, de Marc Goodman, Roger Polip, Frank Court, Billy Ijjil, Françis Robert, Roger Boredom.

Pornographie :

Comment ? Où ? Et quand ?, de J. Gazo.
Elle bouge encore, de R. Shart.
Les Travestis, par Guy Pseudonyme.
Regardez comment on fait (livre illustré), de M. Mous.
Allez, quoi, juste une fois !, de J. Brousse.
J'ai dit non !, de Ed.

MICHAEL PALIN, ERIC IDLE, GRAHAM CHAPMAN, TERRY JONES,
JOHN CLEESE et l'illustre illustrateur TERRY GILLIAM
sont les auteurs sans qui ce livre n'aurait pas vu le jour.

Direction artistique : KATE HEPBURN, LUCINDA COWELL, DEREK BIRDSALL
Photographies : ROGER PENNY, ROGER LAST, REINHOLT BINDER,
CAMERA PRESS, HULTON PICTURE LIBRARY, BARNABY PICTURE LIBRARY,
MANSELL COLLECTION, GRAPHIC HOUSE INC.

Arrangements musicaux : FRED TOMLINSON

Cascades : IAN MC NAUGHTON

La perruque portée par Mr CLEESE
a été confectionnée chez Maxwell, Bond Street.

Photo de couverture : © Python (Monty) pictures

Remerciements particuliers à : ROGER SAUNDERS

Remerciements à : JOHN GLEDHILL, CONSTANCE BOOTH,
IAN MC NAUGHTON, CAROL CLEVELAND, PETER BROOKS

Direction artistique française, adaptation : LE VILLAGE
(MARC BRUCKERT, DENIS ESNAULT)

Impression et reliure : Pollina s.a., 85400 Luçon - n° 78791
Dépot légal : novembre 1999 - n° d'édition : 685 - ISBN 2 86 274 685 1

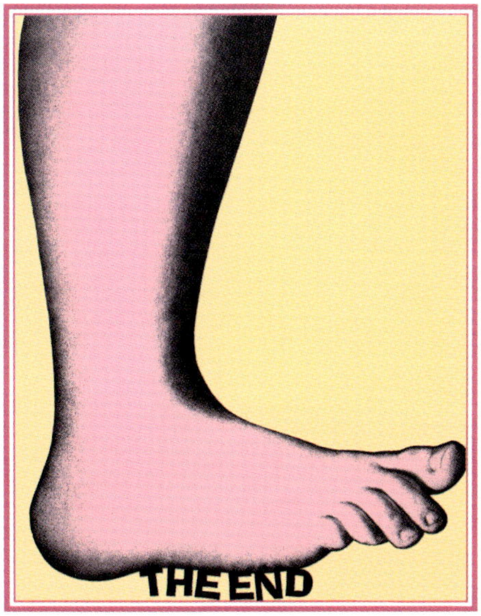